Chansonnier

DE

Tous les Arts, États, Métiers

ET PROFESSIONS

Contenant les Chansons des meilleurs Auteurs

SUR

Les Acteurs, Actrices, Auteurs, Avocats, Bateliers, Blanchisseuses, Brodeuses, Bijoutières, Carabins, Chansonniers, Chapeliers, Charpentiers, Chasseurs, Chiffonniers, Cochers, Danseurs, Employés, Escamoteurs, Facteurs, Graveurs, Grisettes, Imprimeurs, Jardiniers, Journalistes, M.des de modes, Menuisiers, Maçons, Portiers, Perruquiers, Pompiers, Ramoneurs, Relieurs, Savetiers, Tailleurs, Tambours, Vendangeurs, etc.

RECUEILLIES

Par E. DEBRAUX et CH. LEPAGE.

PARIS,

CHEZ FERRY, LIBRAIRE-ÉDITEUR,
PALAIS-ROYAL, GALERIE VALOIS, 185.

1833.

SAINT-DENIS. — IMPRIMERIE DE A. LECLAIRE.

EXTRAIT DU CATALOGUE
DE TERRY, ÉDITEUR.

RECUEIL COMPLET DES CHANSONS NATIONALES ET AUTRES, de P. E. Debraux, nouvelle édition, augmentée d'un grand nombre de chansons inédites, dont une de M. P. J. de Béranger, et d'une notice historique sur l'auteur, par M. Fontan. 4 forts vol. in-18, ornés chacun d'une jolie gravure. Prix : 14 fr.

L'ARC-EN-CIEL DE LA LIBERTÉ, ou Couronne lyrique offerte à ses défenseurs; recueil de chansons patriotiques de différens auteurs, publié par Ém. Debraux, après la révolution de juillet. 1 fort vol. in-18, orné de deux jolies gravures. Prix : 2 fr. 50 c.

LE MANUEL DU MARCHAND DE VIN; par Palmicourt, marchand de vin à la Rapée. 1 vol. in-18 avec gravures. Prix : 3 fr.

LETTRES A EUGÉNIE, sur les Préjugés religieux; par Fréret. 1 fort vol. in-18. Prix : 3 fr.

LE PLAISANT DE BONNE SOCIÉTÉ, ou le Nouvel Art de désopiler la rate; par Cousin d'Avallon. 1 vol. in-18 avec gravures. Prix : 1 fr. 50 c.

LA LIBERTÉ RECONQUISE, ou Histoire complète et détaillée de la révolution de juillet 1830; contenant une relation exacte de tous les événemens, avec les noms des victimes qui ont succombé, ceux des blessés et des personnes des deux sexes qui se sont distingués pendant les mémorables journées des 27, 28 et 29 juillet 1830, par des traits de bravoure, de patriotisme, de dévouement, d'humanité et de désintéressement ; suivi de l'indication des principales ambulances ouvertes par les citoyens. Dédié au peuple parisien. 4e édit., 1 vol. in-18, avec gravure. Prix : 1 fr. 50 c.

LE GYMNASE LYRIQUE, Recueil de chansons et poésies inédites. 1 fort vol. in-18, orné de deux jolies gravures (9e année). Prix : 2 f. 50 c.

LES SECRETS DE LA GÉNÉRATION, ou l'Art de procréer à volonté des filles ou des garçons, de les douer d'esprit en les procréant, et de les avoir beaux, sains et robustes ; précédé de la description des parties naturelles de l'homme et de la femme, avec l'indication de l'usage particulier de chacune d'elles ; terminé par l'exposition des moyens les plus propres à se conserver une grande puissance en amour jusqu'à l'âge le plus avancé ; par Morel de Rubempré, docteur-médecin de la faculté de Paris. 1 fort vol. in-18 avec gravure. Prix : 3 fr. 50 c., et 3 fr., franc de port.

LA TAXIDERMIE, ou l'Art d'empailler les oiseaux, les quadrupèdes, les reptiles et les poissons ; de recueillir et de préparer les coquillages ; enseignée en dix leçons, par A. Boisduval et H. Lecoq, professeurs d'histoire naturelle. 1 vol. in-12, avec plusieurs planches. Prix : 3 f. 50 c., et 4 fr., franc de port.

SAINT-DENIS, IMPRIMERIE DE A. LECLAIRE.

Allégorie des Arts Métiers et Professions

CHANSONNIER

DE

tous les Arts, États, Métiers et Professions,

CONTENANT

des Chansons des meilleurs Auteurs

SUR

Les Acteurs, Actrices, Auteurs, Avocats, Bateliers, Blanchisseuses, Brodeuses, Bijoutières, Carabins, Chansonniers, Chapeliers, Charpentiers, Chasseurs, Chiffonniers, Cochers, Danseurs, Employés, Escamoteurs, Facteurs, Graveurs, Grisettes, Imprimeurs, Jardiniers, Journalistes, M^{des} de modes, Menuisiers, Maçons, Portiers, Perruquiers, Pompiers, Ramoneurs, Relieurs, Savetiers, Tailleurs, Tambours, Vendangeurs, etc.

RECUEILLIES

PAR E. DEBRAUX ET CH. LEPAGE.

PARIS.
CHEZ TERRY, LIBRAIRE-ÉDITEUR,
PALAIS-ROYAL, GALERIE VALOIS, 185.
1835.

CHANSONNIER DES ARTS.

LE CHIFFONNIER.

AIR : *Compagnons à face vermeille.*

De borne,
En borne,
Je cherche du soir au matin ;
Dieu borne,
Oui, borne
Là mon destin.

Mon père, pour tout héritage,
M'a laissé sa hotte en partage :
Depuis, par besoin, par penchant,
Crochet à la main, en marchant,
Je vais toujours cherchant.
De borne, etc.

Chansons.

Tout le monde à chercher s'escrime;
Le poète cherche la rime;
Quand l'homme nul cherche un prôneur,
L'ami des arts cherche l'honneur,
    Le sage le bonheur.
    De borne, etc.

Riche de ma philosophie,
A mon sort gaîment je me fie,
Et prouve, quoique chiffonnier,
Qu'on peut être, sans un denier,
    Heureux dans un grenier.
    De borne, etc.

Quand Dieu le veut, à la guinguette,
Ah! quel gala! quelle goguette!
Mieux que les Grignons, les Chevets,
C'est moi, dans l'endroit où je vais,
    Qui fournis les civets.
    De borne, etc.

Le gousset vide, après ripaille,
Je regagne, en chantant, ma paille.
Là, le cœur pur, je dors content,
Sur l'édredon maint important,
    Peut-il en dire autant?
    De borne, etc.

Chansons.

Sous mon toit, où je ne dors guère,
Heureux quand les chats sont en guerre ;
C'est à qui le plus fort criera,
Sur tous les tons, miaulera,
    Pour moi, c'est l'Opéra.
       De borne, etc.

De nos jours, nouveau Diogène,
Fier, comme lui je vis sans gêne :
Du grand Maître suivant la loi,
Le soleil n'a pas pour un roi
      D'autre éclat que pour moi.
      De borne, etc.

Grands de la terre, à votre vie,
Je suis loin de porter envie.
Votre rang vaut-il la gaîté,
Vos maux délicats, la santé,
    Votre or, la liberté ?

      De borne,
      En borne,
Je cherche du soir au matin ;
      Dieu borne,
      Oui, borne
    Là mon destin.

                P. LEDOUX.

LE BATELIER.

AIR : *Venez, venez, venez, bons voyageurs.*

EXEMPTS de chagrin et d'envie,
Mes amis, toujours à vau-l'eau,
Sur le fleuve orageux de la vie,
Laissons, laissons couler notre bateau.

Sur ce fleuve, quand on voyage,
On est balloté par le sort,
Les plus malins y font naufrage,
Nous, pour arriver à bon port.
Exempts, etc.

Naviguant toujours en famille,
Afin d'égayer le travail,
Mettons la Sagesse à la quille,
Et le Plaisir au gouvernail.
Exempts, etc.

Chansons.

On dit qu'en de lointains rivages,
Jadis, les amis de Jason,
Chassaient, par leurs chants, les orages,
Faisons résonner la chanson.
  Exempts, etc.

Contre les autans qui s'irritent,
Au lieu de nous roidir en vain,
Si les flots contre nous s'agitent,
Opposons-leur des flots de vin.
  Exempts, etc.

Sur les ondes, quand on s'avance,
On doit arborer ses couleurs ;
Pour signal de reconnaissance
Ornons notre poupe de fleurs.
  Exempts, etc.

Qu'une barque, aux nôtres pareille,
Près de nous trace son sillon,
Par un triple feu de bouteille,
Rendons hommage au pavillon.
  Exempts, etc.

Après maintes et maintes pauses
Gaîment au rivage on accourt,

Les baisers, le vin et les roses
Font paraître le temps si court.

Exempts de chagrins et d'envie,
Mes amis, toujours à vau-l'eau,
Sur le fleuve orageux de la vie,
Laissons, laissons couler notre bateau.

LE PORTEBALLE.

Air : *N'allez pas dans la forêt Noire.*

Un jeune homme encor peu barbu ;
　Enfant de la Champagne,
Grimpé sur un mulet fourbu,
　Parcourait la campagne.
A tous minois (*bis*) qu'il rencontrait
Le petit drôle répetait :
Dans mes paquets vous trouverez
　Tout ce qui plaît aux dames,
Accourez, accourez, accourez,
　　Mesdames.

Chansons.

Quittez un peu votre chemin,
    Belles au teint de rose ;
Daignez approcher votre main,
    J'y mettrai quelque chose.
Condescendez à cet écart,
Il ne vous en cuira pas, car
Dans mes paquets, etc.

J'ai des bijoux artificiels
    D'une riche structure,
Qui pour les cœurs superficiels
    Remplacent la nature ;
Et si le faux vous convenait,
J'ai de quoi remplir votre objet.
Dans mes paquets, etc.

O vous, dont la pâle couleur
    Trahit l'ardente flamme,
A mon aspect, que la douleur,
    S'éloigne de votre âme ;
J'ai certaine eau qui, le matin,
Pourra vous rafraîchir le teint.
Dans mes paquets, etc.

Et vous qui, de peur d'accident,
    Vivez comme des saintes,

Voulez-vous un homme prudent
  Qui ménage vos craintes?
Venez à moi je vous attends,
J'ai toujours su me taire à temps.
Dans mes paquets, etc.

Vous, qui pour charmer vos ennuis,
  Vous servez d'une aiguille,
Venez, venez, j'ai des étuis
  Qui vont à chaque fille;
S'ils sont trop courts pour leurs fourreaux,
J'en ai de plus longs, de plus gros.
Dans mes paquets, etc.

De tous ces objets admirez
  La couleur fraîche et vive,
Les prix en sont très modérés.
  Et pour que chacun vive,
Je vous repasse au prix coutant
La marchandise et le marchand.

Dans mes paquets vous trouverez
  Tout ce qui plaît aux femmes,
Accourez, accourez, accourez,
  Mesdames.

Chansons.

L'AUTEUR.

AIR : *Du curé de Pompone.*

AGITÉ de mille frayeurs,
    Ce matin je m'éveille ;
Ne pouvant dormir, et d'ailleurs,
    Me portant à merveille.
Je me lève, mais quel malheur,
    Je sens que je chancelle :
Ah ! d'où vient cela..... je suis l'auteur
    De la pièce nouvelle.

Au théâtre m'acheminant,
    Moitié gaî, moitié triste,
Je rencontre, chemin faisant,
    Un grave journaliste.
Sous sa main voyant, non sans peur,
    Sa férule cruelle,
Je salue humblement, comme auteur
    De la pièce nouvelle.

Ensuite je trouve un Sandis
    Que ma vue embarrasse,
Pour quelqu'argent prêté jadis;
    Je l'aborde avec grâce.
Mon cher, je suis ton débiteur,
    Me dit-il; bagatelle,
Ah! laissons cela, je suis l'auteur
    De la pièce nouvelle.

Le quittant, j'aperçois Damis,
    Poète infatigable,
Lui, qui de ses nombreux écrits,
    Sans pitié nous accable;
Je prête l'oreille au rimeur,
    Qui me tient, me harcèle:
Ah! soyons poli, je suis l'auteur
    De la pièce nouvelle.

Au foyer ce soir j'entrerai,
    Saluant à la ronde;
Et gaîment je me montrerai
    Ami de tout le monde.
Oh! oui, j'oublirai de bon cœur
    Toute vieille querelle:
Il n'a plus de rancune, l'auteur
    De la pièce nouvelle.

RADET.

Chansons.

LE DÉGRAISSEUR.

Air : *Dépêchons, dépêchons, dépêchons bien.*

Que d'ouvrage aujourd'hui survient,
    Comme la pratique
Se porte dans ma boutique ;
Naguère encore il m'en souvient
C'était différent, mais le bon temps revient.
 Nettoyons, nettoyons, nettoyons bien,

Que de ces habits ma main détache
    Chaque tache,
 Nettoyons, nettoyons, nettoyons bien,
Et que sous ma brosse il ne reste plus rien.

Que d'abord mon art bienfaiteur
    Soigne cette robe,
Dont il faut que je dérobe
Certain signe un peu délateur,
Aux regards perçans d'un ombrageux tuteur.
 Nettoyons, nettoyons, etc.

Passons vite à ce bon vivant,
Le public s'en gausse,
Pour le voir tout gras de sauce,
De la table d'un ci-devant
Renversée, hélas! d'un fatal coup de vent.
Nettoyons, nettoyons, etc.

Vous aussi, l'abbé monseigneur,
Sur votre soutane
Porterai-je un bras profane?
Quoi, même de l'oint du Seigneur
Cire d'anti-chambre a terni la couleur.
Nettoyons, nettoyons, etc.

La fortune, en coupant trop court,
Vous a de sa roue,
Chambellan, couvert de boue :
A mes soins, puisque l'on recourt,
Je vous veux encor voir briller à la cour.
Nettoyons, nettoyons, etc.

A qui ces haillons vermoulus?
Grand Dieu, d'un sicaire
C'est la veste décadaire;
Loin d'ici..... mais non, au surplus,
Passons-y l'éponge, et qu'on n'en parle plus.
Nettoyons, nettoyons, etc.

Chansons.

A tout mon talent parviendra,
    Lorsque la macule,
Bravant l'œil du ridicule,
   Aux vêtemens trop fort tiendra,
Chalans, point de crainte, eh bien, on les teindra.

Nettoyons, nettoyons, nettoyons bien,
   Que de ces habits ma main détache
      Chaque tache,
Nettoyons, nettoyons, nettoyons bien,
Et que sous ma brosse il n'y reste plus rien.

          SAINT-LAURENT.

LE TRAITEUR.

AIR : *Venez, venez dans mon parterre.*

FLATTANT les goûts avec adresse,
J'ai soin d'assortir mes repas,
De langue pour les avocats,
Et de truffes pour la vieillesse ;

Je sers du jarret aux poltrons,
OEufs au miroir à la coquette,
J'offre à nos aimables tendrons
Des petits pieds (3 *fois*) à la poulette.

J'offre aux barbons la ravigote,
Hareng-pec au poète usé;
A l'adonis pincé, frisé,
La côtelette en papillote;
Au petit-maître, un vol-au-vent,
Du sel à nos vaudevillistes,
Une macédoine aux savans,
Et des lardons aux journalistes.

Pour les caillettes j'ai des cailles,
Des turbots pour les fournisseurs,
Des huîtres pour les procureurs,
Les plaideurs auront les écailles.
J'ai du vin de tous les climats :
Je donne aux guerriers le tonnerre,
Le vin de Grave aux magistrats,
Le vin de Nuits à ma bergère.

J'ai plus d'une dinde en gelée
Pour nos tendrons, vieux et grêlés;
Et pour nos acteurs boursoufflés
Plus d'une omelette soufflée.

Chansons.

J'ai pour nos modernes Pradons
La côtelette à l'épigramme,
Et j'ai des ailes de dindons
Pour nos faiseurs de mélodrame.

Je sers de la sauce piquante
Aux rédacteurs de feuilleton ;
A nos parvenus, du bon thon,
Des œufs brouillés à l'intrigante.
Des sautés aux Vestris nouveaux,
Une farce à la prude Estelle ;
Aux gros traitans, têtes de veaux,
A nos auteurs, de la cervelle.

Loin de m'enivrer de fumée,
Comme une foule de nigauds,
Je veux sur mes tendres gigots,
Asseoir encor ma renommée.
Pour la beauté j'aurai toujours
Une friande galantine,
Et pour l'objet de mes amours
Jolis pigeons en crapaudine.

CASIMIR-MENESTRIER.

Chansons.

LE CHANDELIER.

Air *de la grisette*.

Demandez à monsieur Bontemps,
Marguiller de Sainte-Oportune,
A quel métier, en peu de temps,
Il a su faire sa fortune ?
Ce gros réjoui vous répond :
— Ma mère tenait la dentelle,
Ma sœur a fait valoir son fond,
Moi, messieurs, je tiens la chandelle.

Pour s'engraisser dans cet état
Il ne faut pas être un grand sire ;
Aussi riche qu'un potentat,
A cinquante ans il se retire :
— Vois, dit-il à son fils Bontemps,
Comme l'économie est belle :
Economise donc le temps,
Et surtout les bouts de chandelle.

Chansons.

Le libertin n'écoute pas
Un discours si plein de sagesse;
Au bal, au jeu, dans les repas,
Il brille et dépense sans cesse.
En se livrant à tous les goûts,
En voltigeant de belle en belle,
Le jeune homme par les deux bouts
S'amuse à brûler la chandelle.

Bontemps rencontre un certain soir
Ce fils, au jeu tentant fortune,
Et perdant plus que son avoir;
Chance, hélas! beaucoup trop commune.
Tout autre père, en pareil cas,
Au prodigue eut cherché querelle;
Bontemps paye, en disant tout bas :
Le jeu n'en vaut pas la chandelle.

Bientôt notre étourdi changé
Craint du jeu la trop douce amorce;
Devenu prudent et rangé,
Avec les dés il fait divorce.
— Je tiens mon bien et mon honneur
De la tendresse paternelle;
Quel bon père, dit-il, mon cœur
Lui doit une belle chandelle.

CHARLES SARTROUVILLE.

LE LIMONADIER.

Air : *Si j'étais roi, si j'avais la puissance.*

C'est au café que l'on fait ses affaires,
C'est au café que l'on perd son argent,
En avalant deux ou trois petits verres,
C'est au café qu'on se ruine gaîment.

C'est au café que des rois de la terre,
On va régler les droits et les budjets,
C'est au café qu'on discute la guerre,
C'est au café qu'on discute la paix.

C'est au café que plus d'une innocente
Baissant les yeux à côté d'un grivois,
Fait la modeste et met encore en vente,
Certain bouquet qu'elle a vendu vingt fois.

C'est au café que plus d'une fillette,
Grâce aux liqueurs qu'on lui fait boire exprès;

Chansons.

...édant enfin à l'amour qui la guette,
...erd l'innocence et trouve les regrets.

...'est au café qu'un milord d'Angleterre,
...ur son Wailly n'ayant pas jeté l'œil,
...'n certain soir disait : célibataire,
...e demandai hun bouteille à cercueil.

...'est au café que plus d'un pauvre hère,
...'ous les matins d'un air assez tranchant,
...'ient demander un verre d'eau bien claire,
...'ous les journaux et puis un cure-dent.

...'est au café que nos jeunes critiques
...'stropiant de leur mieux le français,
...)e nos auteurs tragiques et comiques,
...'ont décider la chûte ou le succès.

...'est au café que plus d'un journaliste,
...'our completer son maigre feuilleton,
...)e ses dîners en consultant la liste,
...Vante un pied plat qui n'a rien fait de bon.

...)ui, maintenant, oui c'est la mode en France,
...Le verre en main et de punch échauffé,
...Traité de paix, de guerre et de finance,
...Même l'amour tout se fait au café.

LE MARÉCHAL FERRANT.

Air : *tôt, tôt, battez chaud.*

Cupidon s'est fait maréchal,
Et ce dieu ne s'y prend pas mal ;
Il veut Manon pour domicile ;
Il mit sa forge dans ses yeux
Dont il fit jaillir des feux,
Qui brûleraient toute une ville.
  Tôt, tôt, tôt,
  Battez chaud,
  Bon courage,
Il faut avoir du cœur à l'ouvrage.

Savez-vous quels sont ses soufflets,
Deux petits détours rondelets,
Qui vont même sans qu'on y touche,
Il ne faut pour les mettre en train
Qu'y porter tendrement la main
Ou qu'un doux baiser sur la bouche.
  Tôt, tôt, tôt, etc.

Chansons.

Mais que fait-il de ses deux bras,
Si blanc, si ronds, délicats?
L'amour en a fait des tenailles :
Ces bras charmans, quand ils sont nus,
Même mieux que ceux de Vénus,
Retiendraient le Dieu des batailles.
  Tôt, tôt, tôt, etc.

Amis, je ne vous dirai pas,
Quel est le lieu rempli d'appas
Où l'amour a mis son enclume ;
Mais aussitôt qu'il forge un dard,
Le trait s'enflamme, brille et part :
Plus il frappe, mieux il s'allume.
  Tôt, tôt, tôt, etc.

L'amour sait trop bien son métier
Pour n'avoir pas fait tout entier
Son ouvrage auprès de la belle,
Ce serait moi, ce serait vous,
Si Manon n'était pas cruelle.
  Tôt, tôt, tôt,
   Battez chaud,
   Bon courage,
Il faut avoir du cœur à l'ouvrage.

LA FLEURISTE.

AIR : *Ne v'là-t-il pas que j'aime.*

Quand elle imite les bouquets,
    Cette jeune personne,
Tant en principal qu'intérêts
    Prend plus qu'elle ne donne.

Est-il quelqu'un que ses attraits
    Ne jettent dans la peine ?
En ses mains, quelques brins d'œillets
    Sont une forte chaîne.

Elle est, dirait un bel esprit,
    La rivale de Flore.
Mais moi simplement je lui dis,
    Belle, je vous adore.

Quand on admire sans espoir
    Les fleurs qu'elle marie,

En elle chacun voudrait voir
  Sa douce et tendre amie.

Jeune fille, c'est au printemps,
  Qu'est la saison de plaire,
Aux fleurettes des vos amans
  Soyez donc moins sévère.

Sur vos pas nous glanons les fleurs,
  Ce devoir est le nôtre,
Pour vous, ne prenez pas nos cœurs,
  Ou laissez-nous le vôtre.

REGNAUT DE BEAUCARON.

LE CHANTEUR.

Air : *Des fraises.*

Mon art du ciel est un don,
La preuve en est frappante :
L'âne, le coq, le chapon,
Le rossignol, le dindon,
  Tout chante.   (3 *fois.*)

A la ville, aux champs, partout,
Un refrain nous enchante,
Rustre qui sème ou qui moud,
Femme qui file ou qui coud,
   Tout chante.

Paul, quand il a du chagrin,
Jean, quand Jeanne est absente,
Thomas, quand il est en train,
Roch, quand il est au lutrin,
   Tout chante.

On chante pour endormir
Un marmot qui tourmente,
Quand deux amants vont s'unir,
Quand nous venons à mourir,
   Tout chante.

Grand Dieu! que de chansonniers
Ce siècle nous présente,
Marmitons et cuisiniers,
Décroteurs et cordonniers;
   Tout chante.

A l'Opéra, les tyrans
Sont d'une humeur charmante,

Chansons.

Les vainqueurs, les conquérans,
Les blessés et les mourans,
    Tout chante.

Melpomène, dira-t-on,
Doit être plus touchante,
Du souffleur prenant le ton,
Cinna, Brutus et Caton.
    Tout chante.

Le vaudeville est fêté,
Chez lui tout nous enchante,
C'est que tout en vérité,
Chez lui vise à la gaîté...
    Tout chante.   (3 *fois.*)

                  ARMAND GOUFFÉ.

LES ACTEURS.

AIR : *Un suiss' revenant de Versailles.*

Dans certaine ville un peu mince,
Un chef d'acteurs de la province,
En arrivant dit aux bourgeois :
Avant de manger votre soupe,
Permettez qu'ici de ma troupe
Je vous explique en tapinois,
Et les défauts et les exploits.
Je commencerai par vous dire,
Qu'excepté trois qui savent lire,
Tous nos artistes sont instruits,
Presqu'autant que nos vieux marquis.
    Et morbleu vous verrez
    Comm' vous vous amus'rez.

J'ai pris pour émouvoir les âmes,
Un quarteron de mélodrames
Bien longs, bien obscurs et bien noirs;
Force tyrans, force victimes,

Chansons

Force innocence et force crimes,
Dont les fureurs, les désespoirs
Vous feront presque tous les soirs,
Dresser les cheveux sur la tête ;
Et chacun de vous presque bête,
Ne rêvera dans son repos
Que de poignards et de cachots.
    Et morbleu, etc.

Voulant vite et beaucoup apprendre,
A mes artistes j'ai fait prendre
Un moyen en vogue à présent ;
Une fois trois scènes jouées,
Les règles sont désavouées,
C'est un charivari charmant,
Chacun parle comme il l'entend,
Le niais, les brigands, la princesse,
Tout ça parle et parle sans cesse,
On applaudit à tour de bras,
C'est l' triomphe du galimathias.
    Et morbleu, etc.

Le tyran dans un nouveau rôle,
Sans se déconcerter, miaule
Ce qu'il brailla dans un ancien ;
L'amant placé dans Bélisaire,

Sa tyrade du Belvédère,
La princesse dit mal ou bien
Le premier mot qui lui convient ;
L'imbécille a mainte bêtise,
Qu'on lui laisse dire à sa guise,
Et s'il survient quelqu'embarras,
On se sauve dans les combats.
　　Et morbleu, etc.

Afin d'enrichir notre scène
De quelque pièce italienne,
Je me donne un mal infernal ;
Notre chanteuse qu'on renomme
Ne sait pas la langue de Rome,
Mais ayant l'accent provençal,
Elle ne s'en tire pas mal,
Et sauf les airs que l'on barbouille,
Sauf les paroles qu'on bredouille,
Notre opéra-buffa vraiment
Offre un coup-d'œil satisfaisant.
　　Et morbleu, etc.

Victorine, notre amoureuse
Est une actrice précieuse,
A ça près de ses nouveaux nés ;
Notre comique serait drôle,

Chansons.

S'il voulait apprendre son rôle ;
Le tyran vous eut étonnés,
S'il ne parlait pas tant du nez ;
Le héros qui charme et qui touche,
A par malheur l'œil un peu louche,
Et l'amant joûrait comme un dieu,
S'il ne gasconnait pas un peu.
 Et morbleu, etc.

Demain dans l'espoir de vous plaire,
Nous vous donnerons Bélisaire,
Vous jugerez notre talent ;
Les gardes de la préfecture
Voudront bien y faire figure,
La musique du régiment
Nous conviendra parfaitement,
Et sur l'offre que vous m'en faites,
De vos pompiers les couvre-têtes,
En passant un peu par nos mains,
Deviendront des casques romains.
 Et morbleu, vous verrez,
 Comm' vous vous amus'rez.

E. D.

Chansons.

L'ACTRICE.

Air : *Il faut que l'on file, file.*

Quand elle vient sur la scène,
On croit à son air vainqueur
Voir déclamer Melpomène
Des vers dont elle est auteur.
Elle fouille, fouille, fouille,
Elle fouille au fond du cœur.

Quelque rôle qu'elle fasse,
De tendresse ou de fureur,
Ses yeux, son geste, sa grâce,
Tout en elle est séducteur.
Elle fouille, fouille, fouille,
Elle fouille au fond du cœur.

D'Ariane et d'Aricie,
Quand elle peint les douleurs,

C'est avec tant d'énergie,
Qu'on l'applaudit par des pleurs.
Elle fouille, fouille, fouille,
Elle fouille au fond du cœur.

De la tendre Bérénice
Qu'elle exprime la douleur;
De Titus le sacrifice
Cause une secrète horreur.
Elle fouille, fouille, fouille,
Elle fouille au fond du cœur.

Elle attendrit pour Alzire
Par son accent enchanteur;
Tout le parterre soupire
Et partage son malheur.
Elle fouille, fouille, fouille,
Elle fouille au fond du cœur.

Ses regards pleins de tendresse
Et son air plein de douceur,
Font que l'actrice intéresse
Plus que les vers de l'auteur.
Elle fouille, fouille, fouille,
Elle fouille au fond du cœur.

Pour peu qu'il ait le cœur tendre,
Ou du goût, nul spectateur
Ne peut la voir, ni l'entendre,
Sans en être adorateur.
Elle fouille, fouille, fouille,
Elle fouille au fond du cœur.

L'ATTAIGNANT.

LE FAUBOURIEN.

AIR : *Le sac sur le dos.*

Loin de me montrer assez bête
Pour être honteux sans raison,
De faubourien quand on me traite,
Moi je ris au nez sans façon,
Et dis, sans m'échauffer la bile :
De tous propos désobligeans,
Dans les faubourgs, comme à la ville,
Il est partout de bonnes gens.

Chansons.

Chaque quartier fournit son monde;
Et bien souvent le faubourien,
Près de sa brune ou de sa blonde
L'emporta sur le Parisien.
D'un minois assez difficile,
Désarmant la sévérité,
Dans les faubourgs comme à la ville,
Partout on plaît à la beauté.

Si quelque jour de cet empire
Des traîtres osaient approcher,
Les faubouriens, j'ose le dire,
Seraient des premiers à marcher;
Dût leur courage être inutile,
De la mort affrontant les traits,
Dans les faubourgs comme à la ville,
On trouverait de bons Français.

Et toi, douce et gentille amie,
A qui j'ai consacré ma foi,
T'ai-je donné lieu, je te prie,
De jamais te plaindre de moi?
A tes désirs toujours docile,
Je n'aspire qu'à te charmer;
Dans les faubourgs comme à la ville,
Tu vois bien que l'on sait aimer.

Tu vois qu'en toute circonstance,
Soit dit pourtant sans le vanter,
Un faubourien peut, je le pense,
Comme un autre homme se compter.
Bannis donc tout regret futile,
Et prouvons par nos doux penchans
Qu'aux faubourgs, ainsi qu'à la ville,
On peut trouver de bonnes gens.

LA MARCHANDE DE MODES.

Air : *Que j'aime à voir un corbillard.*

De la nature tendre enfant,
 Mère de l'artifice,
Tu fais éclore à chaque instant
 L'amour et le caprice.
Tu fais par deux arts séducteurs
 Des bonnets, des conquêtes :
Ta figure enflamme les cœurs,
 Ta main change les têtes.

Chansons.

Tu donnes des parfums au fat,
  Et du rouge à nos belles;
Mais tu portes un incarnat
  Plus envié par elles.
Tes rubans ont trop d'amateurs,
  Souvent l'amour en gronde;
Car celle qui vend des faveurs
  En a pour tout le monde.

Chaque jour, de bouquets nouveaux
  L'art emplit ta corbeille;
J'y vois tour-à-tour les pavots
  Et la rose vermeille.
Pour cueillir ces dons enchanteurs,
  Il faut qu'ici l'on vienne;
Mais lorsque l'on vend tant de fleurs,
  Comment garder la sienne?

Dans ses penchans, avec raison,
  L'Olympe nous rassemble;
Aussi chez toi les dieux, dit-on,
  Achetèrent ensemble :
Le tendre hymen, un nœud plus beau,
  Les grâces, leur parure,
L'amour, ses flèches, son bandeau,
  Et Vénus sa ceinture.

C** ET P**.

LE MARIN.

AIR : *Suzon sortait de son village.*

Chacun a sa philosophie,
Un marin a la sienne aussi;
Sur ma frégate je défie
Et le chagrin et le souci,
  Pour les dompter,   (*bis.*)
  Les éviter,
Toujours j'embarque avec moi la folie. (*bis.*)
  Dans mon hamac,
  Sur le tillac,
Je me distrais en fumant mon tabac ;
 Et quand ma pipe est allumée,
 Je me dis : Que sont les grandeurs, (*bis.*)
 Les biens, l'amour et les honneurs ?
  Ma foi, de la fumée.

 Comme un autre, dans ma jeunesse,
 J'ai vécu sur le continent ;

Chansons.

Et, je le dis avec tristesse,
La terre est un sot élément.
  Plus d'un faquin,
  Jadis Pasquin,
N'y paraît grand que par mainte bassesse;
  Et de son char
  Un peu plus tard,
Sur vous il jette un coup d'œil goguenard.
 Quant à moi, si la mer est douce,
 Je ris, je chante sur le pont;
 Là, je ne crains pas qu'un fripon
  En passant m'éclabousse.

Traversant la mer de la vie,
Tâchons d'arriver à bon port;
Vivons sans haine et sans envie,
Toujours contens de notre sort.
  De la gaîté,
  De la santé;
D'être immortels n'ayons pas la manie;
  Car bien souvent
  Le plus savant
Voit ses écrits emportés par le vent.
 N'usons donc pas en vain notre encre,
 L'onde coule et l'homme s'en va :
 Et morbleu! dans cette mer-là
  On ne jette pas l'ancre.

LE FACTEUR.

Air : *La farira dondaine, gué.*

Seul, dans ce canton,
Je me fais connaître ;
Filles du bon ton,
Apportez la lettre,
  Bon !
La farira dondaine,
  Gué !
La farira dondé.

Je suis assidu ;
Aussi j'ai la presse,
Et tout est rendu
Juste à son adresse.
  Bon !
La farira dondaine,
  Gué !
La farira dondé.

Chansons.

D'un amant chéri
Je sers la conquête ;
Plus d'un bon mari
Contre moi tempête.
    Bon !
La farira dondaine,
    Gué !
La farira dondé.

Ne nous pressons pas
Pour femme à béquille ;
Mais hâtons le pas
Quand c'est pour sa fille.
    Bon !
La farira dondaine,
    Gué !
La farira dondé.

                  M. T.

LE FAGOTIER.

AIR : *Ce magistrat irréprochable.*

LABRANCHE n'a rien sur la terre
Qu'une cabane dans les bois ;
Pour tout plaisir il a son verre,
Et la danse au son du hautbois.
Sans argent, comme sans envie,
A qui vient troubler son repos,
Gaîment en vrai sage il s'écrie :
Laissez-moi faire mes fagots.

Quand le curé de son village
Prêche des vertus qu'il n'a point,
Labranche de bon cœur enrage,
Et l'abandonne au second point.
Morgué ! pourquoi courir au temple ?
Dit-il, maudissant les bigots ;
Si vous ne prêchez pas d'exemple,
Laissez-moi faire mes fagots.

Chansons.

Lorsqu'au bois viennent les fillettes
Labranche offre, pour commencer,
A chacune mille noisettes,
Et n'exige qu'un doux baiser.
Mais s'il se trouve une cruelle
Qu'effarouche un galant propos,
Allez, dit-il, mademoiselle;
Laissez-moi faire mes fagots.

Ami, dit un fils de Bellone
A l'heureux et bon fagotier,
Viens, suis mes pas; viens, l'airain tonne :
Ta hache vaut-elle un laurier?
Qui? moi, que je courre à la gloire?
Répond Labranche à ce héros ;
Volez caresser la victoire :
Laissez-moi faire mes fagots.

De sa commune, si le maire
Veut qu'il ait une opinion,
Labranche d'un mot le fait taire,
En lui répliquant sans façon :
Que vous fait mon indifférence?
N'ai-je pas payé les impôts?
A votr' gré régentez la France :
Laissez-moi faire mes fagots.

Chansons

Laisse tes bois, dit à Labranche
Un baron jadis paysan ;
Devant les petits ose et tranche,
Avec les grands sois courtisan.
— Nenni dà ! je n'somm's pas si bête,
Répond-il ; j'sais ce que je vaux ;
Tant qu'vous voudrez fait's la courbette :
Laissez-moi faire mes fagots.

Le lendemain d'une goguette,
Labranche, encor tout étourdi,
Rêvait que la mort sur sa tête
Appuyait son bras engourdi.
Halte là, s'écrie en colère
L'homme surpris par les pavots ;
Je me trouve fort bien sur terre :
Laissez-moi faire mes fagots.

GILBERT.

L'ARTIFICIER.

Air : *Bouton de rose.*

Si l'artifice,
Belles, m'a dicté ces couplets,
Ne m'accusez pas de malice,
Pourrais-je remplir vos souhaits,
 Sans artifice.

Sans artifice,
A plaire on ne peut réussir ;
Dans Paris, séjour du caprice,
Est-il encor quelque plaisir,
 Sans artifice ?

Par artifice,
Quand l'amour dérobe un baiser,
Ne crions point à l'injustice,
On en voit trop se refuser
 Par artifice.

Par artifice,
Mainte beauté, voile ses traits,
Quelquefois changeant de malice,
On laisse entrevoir ses attraits
Par artifice.

Sans artifice,
Jeune beauté charme nos cœurs ;
Sur son déclin qu'on s'embellisse,
L'hiver offre-t-il quelques fleurs,
Sans artifice.

HOWIN.

LES MOISSONNEURS.

AIR : *La comédie est une grande salle.*

BLONDE Cérès, c'est aujourd'hui ta fête,
Chantons ta gloire et cueillons tes bienfaits ;
Permets qu'amour, pour couronner ta tête,
Vienne mêler son myrthe à tes bleuets.
Mais garde-toi des bouquets de son frère,
A peine éclos, on les voit se faner;

Chansons.

Toujours trop tard arrivant à Cythère,
Le pauvre dieu n'y trouve qu'à glaner.

Une jeunesse ivre de confiance,
Chez l'amitié moissonne avec ardeur,
Conduite hélas! par l'inexpérience,
Tout lui convient, ses yeux trompent son cœur.
Les tas d'épis qui la rendent si fière,
Le moindre vent va les disséminer;
Elle n'a pris qu'une paille légère,
En fait d'amis il ne faut que glaner.

Les moissonneurs abondent au Parnasse,
Il est si doux d'y cueillir des lauriers!
Mais pour talens, combien n'ont que l'audace!
Quel tort aussi de venir les derniers!
Dans les beaux champs qu'arrose l'Hypocrène,
Il reste peu de palmes à donner,
Après Boileau, Racine et Lafontaine,
L'Institut même est réduit à glaner.

Dieu du plaisir, dieu de la bonne chère,
Vous nous offrez de bien douces moissons;
Mais trop souvent la suite en est amère,
Et la vieillesse y mêle ses poisons.

C'est dans vos champs, qu'à l'exemple du sage,
Il faut toujours prudemment moissonner,
Heureux qui sait jusqu'à son dernier âge,
S'y réserver quelque chose à glaner.

Ph. DE LA MADELAINE.

LE PRISONNIER.

Air : *Je suis Français, mon pays avant tout.*

Du soleil l'ardeur trop brûlante
Brunissant certain jour mon front,
De Thémis la main obligeante
Voulut m'épargner cet affront.
Un beau matin, deux vrais pince-sans-rire
M'ayant conduit dans certaine maison,
Rien qu'en entrant, je suis forcé de dire :
Ah ! qu'on est bien, qu'on est bien en prison !

Un moderne Croque-mitaine
M'aborde, et grossissant sa voix,
En m'empestant de son haleine,
Me dit, ayant craché trois fois :

Chansons.

Du boursicot, pour me graisser la patte,
Il faut ici dénouer le cordon,
Sinon tu vas passer à la savatte.
 Ah! qu'on est bien, etc.

 En faisant piteuse grimace,
 Ayant allongé mes vingt *ronds*,
 Je fus admis à prendre place
 Au milieu d'un rang de larrons,
Et puis d'une eau dégoûtante et salée,
Qu'on eut le front d'appeler du bouillon,
On me remplit une tasse éguculée.
 Ah! qu'on est bien, etc.

 Ces gens-là me braillaient sans cesse,
 Qu'ils étaient des pauvres honteux,
 Que des gens sans délicatesse
 Avaient fait coffrer en ces lieux.
Je ferme l'œil, et soudain l'on m'agrippe,
Sans ressentir le toucher du larron,
Et mon tabac, mon mouchoir et ma pipe.
 Ah! qu'on est bien, etc.

 Les guichetiers de ces demeures
 Vous apportent complaisamment,

Au bout de deux petites heures,
Ce qu'ils font payer doublement.
A vous garder ils trouvent tant de charmes,
Qu'au moindre pas fait hors de la maison,
Pour vous guider, vous avez deux gendarmes.
Ah! qu'on est bien, etc.

Quand Phébus, d'un pas fort alerte,
Décampe et ramène le deuil,
Heureux qui pince une couverte,
Sans se faire pocher un œil!
En rang d'ognon, l'on plante sa paillasse;
Et puis chacun, comme un vrai cornichon,
Sur son grabat se jette à pile ou face!
Ah! qu'on est bien, etc.

Quand par une chance commune,
Ce qui se voit assez souvent,
Un camarade d'infortune
De la gale vous fait présent;
Vous plaindre alors serait une injustice;
Car dans ce cas, sans vous chercher raison,
En un clin-d'œil on vous flanque à l'hospice.
Ah! qu'on est bien, qu'on est bien en prison!

Chansons.

LE PRISONNIER.

AIR :

Loin du beau sol de ma chère patrie,
Déjà Zéphire emporte les beaux jours ;
Dans nos climats, du temps la main flétric,
Détruit les fleurs et chasse les amours :
Pour que ma voix fasse avant leur absence,
Quelques adieux aux trésors de l'été,
Par le secours de ta douce éloquence,
Ami, rends-moi, rends-moi la liberté !...

Lorsque jadis, près de fleur demi-close,
Je célébrais le retour du printemps,
Doux avenir, de ses voiles de rose,
Enveloppait et colorait mes chants ;
Mais aujourd'hui, la craintive espérance,
A mes barreaux voit son vol arrêté ;
 Par le secours, etc.

Chansons.

Combien de fois, sur la verte fougère,
Sur ces gazons que je regrette ici,
Un doux refrain, de gentille bergère,
M'obtint le don d'amoureuse merci !
Mais loin de moi, d'un geolier, la présence,
Exile, hélas ! l'amour et la beauté !
   Par le secours, etc

Oui, dans mes vers, j'aimais et j'en fais gloire,
A célébrer les hauts faits de ces preux
Qui, tant de fois de l'équitable histoire,
Ont émoussé le burin orgueilleux ;
Mais, dis-le-moi, dans sa soif de vengeance,
Conspirateur, a-t-il jamais chanté ?...
   Par le secours, etc.

Dans mes couplets, pour essuyer les larmes,
Que nous coûta la fin de nos exploits ;
Si je soutins que nos brillans faits d'armes,
Ont éclipsé la majesté des rois,
Toujours muet, près des grands qu'on encense,
Je n'ai jamais, ni trahi, ni flatté ;
   Par le secours, etc.

N'exige pas qu'une chanson nouvelle,
Sache exprimer tout ce que j'ai senti ;

Chansons.

Tu le sais bien, la voix de Philomèle,
Dans les prisons jamais n'a retenti :
Et si tu veux à ma muse en souffrance,
Restituer sa verve et sa gaîté,
Par le secours de ta douce éloquence,
Ami, rends-moi, rends-moi la moi la liberté!...

LE PRISONNIER.

Air : *Français, quel est ce chevalier ?*

Muse, qui charmas mes loisirs,
Aux temps heureux que je regrette;
Pour éloigner mes déplaisirs,
Viens te glisser dans ma retraite;
   Comme beaucoup d'amis,
Ne quitte pas dans sa misère,
Les infortunés que jadis
Tu flattas dans un jour prospère,
Et viens dicter, afin de l'égayer,
   Quelques refrains au prisonnier.

Quand Phébus, pour nous rendre au jour,
Montait sur son char de lumière,
De ma Lise les chants d'amour
Gaîment entr'ouvraient ma paupière ;
 Mais le destin jaloux
M'enviant jusques à mes songes,
Du sommeil le bruit des verroux
Détruit les amoureux mensonges.
Ah! viens dicter, etc.

Lorsque terminant son essor,
Le soleil loin de nous s'exile,
A peine de ses rayons d'or
Un seul pénètre en mon asile.
 De ses riches couleurs
L'éclat n'embellit plus ma lyre,
Et jamais le parfum des fleurs
Ne m'est apporté par Zéphire.
Ah! viens dicter, etc.

Quand venait l'heure du repos,
Quand la nuit déployait ses voiles,
Par l'éclat de mille flambeaux
Nous faisions pâlir les étoiles.
 Plus d'un gentil gosier
Me charmait alors sous la treille,

Chansons.

Maintenant la voix d'un geolier
 Vient seule attrister mon oreille.
Ah! viens dicter, etc.

Où sont ces baisers que j'aimais
A dérober à mon amie?
Où sont ces bras où je cherchais
A perdre et retrouver la vie?
 Sous les yeux des bourreaux
M'enviant jusqu'à son haleine,
A peine à travers les barreaux
Sa main ose presser la mienne.
Ah! viens dicter, etc.

S'il faut; jusqu'au nouveau printemps,
Qu'en ces tristes lieux je languisse,
O Muse, par tes doux accens,
Sois encor ma consolatrice;
 Sur l'aile de la nuit,
Pour fixer ici l'Espérance,
Accours embellir mon réduit
Du prisme heureux de ta présence,
Et viens dicter, afin de l'égayer,
 Quelques refrains au prisonnier.

LE PRISONNIER.

Air : *Arbuste inhumain.*

Au plus doux des enfans d'Éole,
Voltigeant près de ses barreaux,
Un Français pour calmer ses maux,
Dont rien, hélas! ne le console,
Adressait ainsi la parole :
   Zéphirs passagers,
    Loin des lieux que j'habite,
    Ah! portez, portez vite,
   Et mes vœux et mes baisers!

En attendant les jours prospères,
Où suivant de plus douces lois,
Je pourrai, tout comme autrefois,
Aux doux accens de nos bergères,
Marier mes chansons légères :
   Zéphirs passagers, etc.

Chansons.

Il est une femme chérie
Que je ne puis plus embrasser ;
Comme moi pour la caresser,
Pour dire à cette tendre amie,
Loin d'elle combien je m'ennuie.
    Zéphirs passagers, etc.

Pour que votre aile diligente
Rappelle mon nom quelquefois,
A ces vieux amis qui parfois,
A ma voix toujours chancelante,
Prêtaient une oreille indulgente.
    Zéphirs passagers, etc.

Dites-leur qu'à peine l'aurore
Chasse les ombres de la nuit,
Je ne rêve dans mon réduit
Qu'à ce doux moment que j'implore,
Où j'irai les entendre encore.
    Zéphirs passagers, etc.

Mais déjà mon geolier s'éveille,
De me taire il me fait la loi ;
Dites-leur qu'ils pensent à moi,
Et ce qu'ils chantent sous la treille,
Rapportez-le vers mon oreille !...

Zéphirs passagers,
Loin des lieux que j'habite,
Ah! portez, portez vite,
Et mes vœux et mes baisers!

LE PRISONNIER.

Air d'*Adèle*.

C'est assez souffrir la tempête,
Dans les fers, c'est assez gémir;
Les fleurs qui couronnaient ma tête
Sont sur le point de se flétrir.
En vain j'espère à chaque aurore,
Ressaisir ma vieille gaîté;
Sous les verroux, la voix est peu sonore,
Ah! rendez-moi la liberté!

Des hivers le triste cortége,
Loin de nous est prêt à s'enfuir,
Le gazon repousse la neige,
Borée a fait place à Zéphir.

Chansons.

Une douce métamórphose,
Va s'opérer dans la beauté;
Pour voir s'ouvrir encor bouton de rose,
Ah! rendez-moi la liberté!

Près de ma harpe ou de ma lyre,
Assis, au déclin d'un beau jour,
J'aimais d'une voix en délire,
A moduler des chants d'amour.
Parfois d'une aimable bergère,
J'endormais la sévérité;
Mais des cachots Vénus n'approche guère,
Ah! rendez-moi la liberté!

Fière de son indépendance,
Peu désireuse de bienfaits,
Ni pour, ni contre la puissance,
Ma muse n'écrivit jamais.
Ne revendiquant nul salaire,
Le seul qui m'ait jamais flatté,
C'est un baiser d'Adèle ou de ma mère,
Ah! rendez-moi la liberté!

Mes chants redisaient à l'histoire,
Les exploits de nos vieux soldats;
J'aimais à célébrer leur gloire,
Et j'entends le bruit des combats;

Nos preux, jusqu'aux vieilles colonnes,
Vont s'élancer avec fierté;
Pour leur tresser, s'il en faut, des couronnes,
Ah! rendez-moi la liberté!

Depuis qu'un jugement m'exile
Des lieux où j'aime à voltiger,
Sans rougir j'habite l'asile
Qu'illustra jadis Béranger;
Je suis presque fier de mes peines;
Mais, que dis-je, nulle beauté,
De pleurs d'amour, ne vient mouiller mes chaînes.
Ah! rendez-moi la liberté!

LE PRISONNIER.

AIR : *L'aurore, qui dore, etc.*

ZÉPHIRE
Soupire,
Dans les champs et les bois;
Nayades,
Driades,

Chansons.

Montrent leurs gents minois,
Campagnes,
Montagnes,
Brillent de feux nouveaux ;
Et Flore
Colore
Les prés et les coteaux.
Dans nos climats,
Désertant la chaumière,
Quand les frimats
Se fondent sous vos pas ;
Un prisme heureux
Du dieu de la lumière
Vient à mes yeux
Doubler les derniers feux,
Suis en liberté,
Voilà pourquoi vois tout en rose,
Loin de la beauté
J'ai trop long-temps à la nuit close,
Pleuré ma gaîté ;
Mais à présent je me dispose
A la volupté,
J'ai recouvré ma liberté.

Accorte
Cohorte

De buveurs, de grivois,
M'appelle,
Fidèle,
Je m'élance à sa voix.
De l'ombre
Trop sombre,
Du séjour des ennuis
M'esquive,
J'arrive,
Salut à mes amis.

Séchant mes pleurs,
Comblant mes espérances,
Les chastes sœurs
Me présentent des fleurs;
Et les amours,
Les chansons et les danses
Vont pour toujours
Embellir mes vieux jours.
Au lieu des geoliers
Dont la voix frappait mon oreille,
De gentils gosiers
Viendront m'enchanter sous la treille;
Que tout paraît doux
A l'infortuné qui s'éveille,
Bien loin des verroux
Qui m'avaient séparé de vous.

Chansons.

Ma lyre
Vient dire
Aux échos d'alentour :
Rivage,
Feuillage,
Où j'ai chanté l'amour;
Bergères
Légères
Dont j'ai suivi la cour;
Musette,
Lisette,
Me voici de retour.

Quel changement !
Que mon âme est émue !
Quel doux moment,
Après si long tourment;
Heureux instans !
Partout s'offre à ma vue,
Minois charmans
Dont fus privé long-temps;
Au lieu de barreaux
Les filets de femmes gentilles;
Au lieu de bourreaux,
Des bataillons de joyeux drilles;

Chansons.

Et pour cadenas,
Pour gardiens ainsi que pour grilles,
Jusques au trépas,
De ma Lise les jolis bras.

  Gentille
  Famille
De joyeux nourrissons,
  Ma muse
  Récluse
Vous offrait ses chansons ;
  Plus fière,
  J'espère,
Qu'elle pourra long-temps,
  Heureuse,
  Joyeuse,
Se mêler à vos chants.

Chansons.

LE PRISONNIER.

Air *De l'Angelus.*

Debout ! s'écriait un geolier ;
Réveille-toi, le jour s'avance.
Cruel ! répond le prisonnier,
Par pitié garde le silence.
Dans les flancs de ces noirs caveaux
Un songe heureux peut donc éclore ?
Je rêve au terme de mes maux....
Ah ! ne m'éveille pas encore.

Au vif éclat d'un ciel d'azur
Mes yeux flétris s'ouvrent à peine ;
Enfin je respire un air pur,
Des vents je sens la douce haleine.
O prodige ! aurais-je quitté
Ces murs odieux que j'abhorre ?
Je rêve de ma liberté....
Ah ! ne m'éveille pas encore.

Chansons.

Bien loin qu'une froide pitié
Ose insulter à ma misère,
Je trouve la tendre amitié
Au sein d'une famille chère.
Pour mon âme, ô jour ravissant !
De me revoir chacun s'honore....
Je rêve aux doux liens du sang....
Ah ! ne m'éveille pas encore.

A regret quittant mes amis,
Je cours aux pieds de mon Adèle :
Amour ! amour, tu l'as permis,
A ses sermens elle est fidèle ;
Mes malheurs ne m'ont pas fermé
Le cœur de celle que j'adore :
Je rêve au bonheur d'être aimé....
Ah ! ne m'éveille pas encore.

En paix je coule d'heureux jours
Loin des méchans et de l'envie ;
Entre l'amitié, les amours,
Je verrai s'éteindre ma vie.
Des lieux où la divinité
Pardonne au faible qui l'implore,
Je rêve la félicité....
Ah ! ne m'éveille pas encore.

MARCILLAC.

Chansons.

L'ARTISAN.

AIR : *Courage, frappons.*

COURAGE et gaîté,
Voilà ma devise ;
Le but où je vise,
C'est la liberté.
Ne voulant être de sa vie
Ni courtisé, ni courtisan,
Mon père vécut sans envie,
En honnête et simple artisan.
Au gai mortel dont je tiens l'être,
De ressembler je me prévaux ;
Et sentant tout ce que je vaux,
Je vis sans esclave et sans maître.
  Courage, etc.

Qu'on fasse la paix ou la guerre
Avec tel ou tel potentat,
Mon esprit ne s'occupe guère
Du frêle vaisseau de l'état ;

Aux grands, qui seuls craignent l'orage,
J'abandonne le gouvernail ;
Et je vais après mon travail
Rire et boire avec l'équipage.
  Courage, etc.

L'ennui, ce fils de la sottise,
Escortant nos caméléons,
Grâce aux fats qu'on monseigneurise,
Vient se glisser dans les salons.
Le plaisir que partout je guette,
A mes côtés daignant s'asseoir,
Le dimanche et le lundi soir
Vient me trouver à la guinguette.
  Courage, etc.

Rois, pour que votre éclat me blesse
Quand vous êtes dans la grandeur,
J'aperçois trop votre faiblesse
Sous le manteau de la splendeur.
Ma noblesse vaut bien la vôtre ;
D'homme gardant la dignité,
Quand je suis dans l'adversité
Je ne prends pas les bras d'un autre.
  Courage, etc.

Chansons.

Avec ma vive Fanchonnette,
Au teint vif, à l'œil sémillant,
Je fredonne la chansonnette
Que je rimaille en travaillant :
Des couronnes qu'amour dispose
Elle orne mes derniers cheveux ;
Et ce n'est qu'au gré de mes vœux
Que de mon trône on me dépose.
     Courage, etc.

Sachant que le plus grand monarque
Comme moi finira ses jours,
Le verre en main j'attends la parque,
Bercé sur le lit des amours.
De moi ne laissant nulle trace,
Aux sombres bords étant admis,
Dans le cœur de mes vrais amis
Je suis sûr d'avoir une place.

    Courage et gaîté ;
    Voilà ma devise ;
    Le but où je vise,
    C'est la liberté.
F. DAUPHIN.

LE BRODEUR.

Air *Du Vaudeville des Visitandines.*

Depuis que l'on voit à la mode
L'art de broder dans tout pays,
On en prend si bien la méthode,
Que l'on brode tout à Paris.
On brode son ton, sa manière,
On brode jusqu'aux sentimens :
Broder ainsi, pour les amans,
C'est le secret de toujours plaire.

Un tailleur brode son mémoire,
Ainsi brode chaque marchand ;
L'auteur aime à broder l'histoire,
Le flatteur brode un compliment.
Un conteur brode une nouvelle,
Un pédant brode ses discours ;
De lauriers broder ses amours
Est la méthode la plus belle.

L'avocat brode son langage,
Le Gascon brode ses exploits,
Tartufe brode son visage :
Que de juges brodent les lois ?
L'infidèle brode un parjure ;
Ainsi brodent tous les époux ;
Mais, bien plus habiles qu'eux tous,
Les femmes brodent la nature.

L'IMPRIMEUR.

AIR : *Comportez-vous décemment.*

L'Amour a déserté Cythère
Pour faire ici plus d'un métier :
On l'a vu tour-à-tour notaire,
Médecin, quêteur, bijoutier.
Pendant un temps il fut libraire,
Une autre fois prédicateur ;
Tout récemment il vient de faire
Essai de l'état d'imprimeur.

Il est d'un nouveau caractère,
Bien mieux que Didot l'inventeur,
Et celui-là doit toujours plaire
A l'œil du plus fin amateur.
Quoiqu'il soit lisible à tout âge,
Dans tous les lieux, dans tous les temps,
Il est bien mieux dans un bocage,
Débrouillé par œil de quinze ans.

Dans son état il veut tout faire :
Il est tout à la fois auteur,
Prote et fondeur en caractère,
Ouvrier et compositeur.
Même on a les meilleures preuves
Que, sans le plus léger regret,
Il revoit souvent ses épreuves
Pour les corriger en secret.

Comme il faut partout l'œil du maître,
Il ne s'en rapporte qu'à lui ;
Un seul regard lui fait connaître
Quand une épreuve a réussi.
Ses presses actives, légères,
Aussitôt se mettent en train,
Et plusieurs milliers d'exemplaires
Sont tirés en un tour de main.

Chansons.

L'ouvrage est prêt : il va paraître ;
Mais un petit in-octavo,
Souvent, grâce aux talens du maître,
Devient un grand in-folio.
Lorsque ce prodige s'opère,
Plus d'une fillette aussitôt
Cache cet ouvrage et le serre,
Pour qu'il garde l'incognito.

L'amour offre des avantages
Que ne présente aucun auteur ;
Car le moindre de ses ouvrages
Ouvre l'esprit, touche le cœur.
Et contre l'ordinaire usage,
Sans même tourner un feuillet,
On sait dès la première page
Tout le mystère du livret.

Pour toutes nos beautés nouvelles,
Outre les ouvrages de lui,
Il imprime les bagatelles
Qui nous inondent aujourd'hui.
Mais la beauté tendre et timide
Chez lui trouve Chaulieu, Bernis,
Bernard, digne émule d'Ovide,
Boufflers, Parny, Bertin, Piis.

PILLON.

LES IMPRIMEURS,

Air de la colonne.

L'ORAGE enfin fait place à l'espérance,
Loin de nos bords il gronde en expirant ;
La Liberté va consoler la France
Des maux produits par ce nouveau torrent.
Quand sur nos fronts brille enfin l'allégresse,
Quand doux espoir agite notre cœur,
    Mes amis, répétons en chœur,
    Honneur aux enfans de la presse.

A l'univers plongé dans les ténèbres
Quel Dieu puissant arracha son bandeau ?
Par quel moyen de nos chaînes funèbres
Allégea-t-on le pénible fardeau ?
Sans Guttemberg, épuisés de détresse,
Nous languirions sous d'éternels hivers ;
    C'est sa main qui brisa nos fers ;
    Honneur aux enfans de la presse.

Sans tes bienfaits, ô presse tutélaire,
Que de grands noms resteraient inconnus;
Anacréon, Platon, Sophocle, Homère,
Jusqu'à nos jours seraient-ils parvenus?
Non, leurs écrits, chefs-d'œuvre de la Grèce,
Seraient perdus, et la nuit des tombeaux
    Eut éteint leurs nobles travaux;
    Honneur aux enfans de la presse.

Sans tes bienfaits, eut-on pu nous apprendre,
Qu'un peu de fer désarme l'Eternel?
Sans tes bienfaits, eut-on osé prétendre
A s'élever dans les plaines du ciel?
L'homme à son gré domptant l'onde traîtresse,
Aurait-il fait, en traversant les mers,
    Un seul peuple de l'univers?
    Honneur aux enfans de la presse.

Sans tes bienfaits, des fers de l'esclavage,
Nos fronts encor seraient stigmatisés;
Sans tes bienfaits, les moteurs du servage
Parqueteraient les peuples divisés.
Mais sur des fleurs notre couche se dresse,
Et désertant la voûte des cachots,
    Nos chants éveillent les échos:
    Honneur aux enfans de la presse.

Sans tes bienfaits, ces Rousseau, ces Voltaire,
Dont chaque page étouffait un abus,
N'eussent jamais éclairé de la terre
Les lourds esprits, de préjugés imbus.
Contr'eux en vain la haine se redresse
Sur les lauriers qui couronnent leur front ;
Ses traits aigus s'émousseront :
Honneur aux enfans de la presse.

LE BUCHERON.

Air *du cantique de Judith.*

Joyeux bucherons, dans les bois,
Allons tous commencer l'ouvrage,
De ces arbres, tous à la fois,
Ramassons, coupons le branchage,
Lions ensemble les rameaux.....
Mes amis, faisons des fagots.

Que nous avons d'imitateurs,
Financiers, Gascons, politiques,

Chansons.

Faiseurs d'almanachs, orateurs,
Historiens, auteurs comiques,
Rimeurs d'innocens madrigaux.....
Font ainsi que nous des fagots.

Contons la nouvelle du jour,
Les *on dit*, les bruits de gazette,
Les histoires que tour-à-tour
On invente, on brode, on répète;
Pour les faire croire aux nigauds.....
Mes amis, faisons des fagots.

Je commence : Au vieillard Armand
On maria la jeune Élise;
Son petit cousin est charmant,
Mais la belle est, quoiqu'on en dise,
Fidèle au plus laid des magots.....
Mes amis, faisons des fagots.

Brûlante de tous les désirs,
Hortense, jeune, brune et belle,
N'a plus d'argent pour ses plaisirs,
Et pourtant sa vertu rebelle
Résisterait à des lingots.....
Mes amis, faisons des fagots.

On va faire aimer, m'a-t-on dit,
La lecture aux gens de finance,

Chansons.

La modestie aux gens d'esprit,
Aux élégantes la décence ;
La philosophie aux bigots.....
Mes amis, faisons des fagots.

Patriote et riche aujourd'hui,
Durimont n'a point d'insolence,
Des malheureux il est l'appui,
Comme au temps de son indigence ;
Il croit tous les hommes égaux.....
Mes amis, faisons des fagots.

Fuyant les plaisirs illégaux,
Au bal la demoiselle évite,
Walses, pas russes, fandangos,
Et jamais en dansant n'imite
Les sallés et les camargos.....
Mes amis, faisons des fagots.

En France, on a du goût vraiment,
Les farces ne plaisent plus guère ;
Dans nos théâtres maintenant
La foule préfère Molière
A la famille des Angots.....
Mes amis, faisons des fagots.

JOSEPH PAIN.

Chansons.

L'HERBORISTE.

Air : *J'étais bon chasseur*, etc.

Mes simples sont aux bonnes gens
Qu'un charlatan dupe sans cesse,
Et les soucis aux intrigans
Qui courent après la richesse ;
Les chardons pour les beaux esprits,
Les pavots à l'insouciance ;
Et je garde pour les maris
La racine de patience.

L'ASSEMBLEUR.

Air : *Moi je flâne.*

Moi j'assemble, (*bis.*)
Mes amis, que vous en semble,

Moi j'assemble, (*bis.*)
Les esprits
Et les partis.

Sans vouloir préconiser
Le talent que je professe,
Je soutiens avec justesse
Qu'il n'est pas à mépriser.
Sur les rives du Permesse,
Trouvant le fleuve Lethé,
Que d'auteurs, sans mon adresse,
Perdraient l'immortalité.
 Moi j'assemble, etc.

Quand fillette aux yeux fripons
S'efforce d'être en colère,
Contre un jeune téméraire
Qui chiffone ses jupons,
Moi qui devine la chose,
Craignant que sur son chemin,
L'amour n'escroque une rose
Qui n'appartient qu'à l'hymen.
 Moi j'assemble, etc.

Je rassemble les cancans
Des grands seigneurs et des rustres,

Chansons.

Des jeunes gens de dix lustres,
Et des vieillards de trente ans.
J'assemble les épigrammes
Que décoche le bon ton,
Sur les faiseurs de nos drames,
Et les fous de Charenton.
  Moi j'assemble, etc.

Du laurier cher aux Français,
Vieilles et nouvelles tiges,
Dans ce siècle de prodiges
Assemblez-vous pour jamais.
Et vous, notre antique idole,
Vieux guerriers de Fontenoy,
Tendez aux vainqueurs d'Arcole
Une main de bon aloi.
  Moi j'assemble, etc.

Dans un parterre de fleurs,
Quand le hasard me transporte,
Aussitôt mon œil se porte
Sur leurs diverses couleurs ;
J'allonge une main discrète,
Et, sur ces rians gazons,
Sitôt que j'ai fait emplette
Des fleurs que nous chérissons.
  Moi j'assemble, etc.

Enfin, dès le point du jour,
J'unis plaisir et folie,
Et veux que Bacchus se lie
Avec Comus et l'Amour;
Et pour qu'une double ivresse
Me réchauffe tour-à-tour,
Assis, près de ma maîtresse,
Je bois, et lui fais ma cour.
  Moi j'assemble, (*bis.*)
Mes amis, que vous en semble?
  Moi j'assemble, (*bis.*)
   Les esprits
   Et les partis.

LE RAMONEUR.

AIR : *Mirliton, mirlitaine.*

Soignez bien vos cheminées,
Bon profit vous en viendra,
Plus elles sont ramonées
Et plus tranquille on sera.

Chansons.

M'appelez-vous, ma mignonne?
Tenez, ne marchandez pas;
Car moi, je ramone, ramone, ramone,
Depuis le haut jusqu'en bas.

Un certain jour, dans la rue,
La femme d'un procureur,
Criait comme une perdue
Pour avoir un ramoneur:
L'occasion était bonne,
Montant chez elle à grands pas,
V'la que je ramone, ramone, ramone,
Depuis le haut jusqu'en bas.

Chez une prude intraitable
Je cherchais à travailler,
Elle me prend pour le diable,
Je la vois pâlir, trembler;
Regardez-moi bien, poupone,
Lui dis-je, et ne craignez pas,
Toujours je ramone, ramone, ramone,
Depuis le haut jusqu'en bas.

Une dame d'ambassade,
Sans effroi de ma noirceur,
Me dit : Bois cette rasade,
Ça te donnera du cœur.

Chansons.

Son vin, si bien m'aiguillone,
Qu'après, sans me trouver las,
V'la que je ramone, ramone, ramone,
Depuis le haut jusqu'en bas.

Chez une jeune comtesse,
Avec zèle étant monté,
Tout aussitôt je m'empresse
De remplir sa volonté.
Du travail qu'elle me donne
Je ne m'épouvante pas,
Toujours je ramone, ramone, ramone,
Depuis le haut jusqu'en bas.

C'est bien à tort qu'on méprise
Un malheureux Montagnard,
Souvent l'Amour se déguise
Sous l'habit d'un Savoyard.
Dans les rôles qu'on lui donne
Il ne se démonte pas,
Toujours il ramone, ramone, ramone,
Depuis le haut jusqu'en bas.

L'habit ne fait rien pour l'homme;
Tel paraît le mieux vêtu,
Qui du mérite en a comme
Peut en avoir un fétu.

Chansons.

Jamais je n'ambitionne
Les croix, l'or, ni les crachats,
Gaîment je ramone, ramone, ramone,
Depuis le haut jusqu'en bas.

L'ASTROLOGUE.

Air : *Il faut partir, Agnès l'ordonne.*

Que d'une science importune
Les enfans d'Euclide soient fiers,
Que dans le soleil ou la lune
Ils lisent nos destins divers ;
J'abandonne aux savans d'Europe
Jupiter, Mercure et Phébus,
Pour diriger mon télescope
Sur la planète de Vénus.

L'astrologue, avec sa lunette,
Annonce la calamité ;
Fort souvent, avec sa planète,
Il se perd dans l'immensité.

L'astre brillant qui l'inquiète
Échappe à ses regards confus,
Et bientôt le savant regrette
De n'avoir pas suivi Vénus.

Oui, malgré son humeur légère,
Vénus préside à tous mes jours ;
Anacréon, octogénaire,
Ne cessait de suivre son cours.
L'inconstance dans Idalie
Est la première des vertus ;
On dit de l'amant qui varie,
Qu'il suit l'étoile de Vénus.

Amis, que cet astre prospère
Soit le seul fêté désormais ;
Mais pour nous déclarer la guerre
Le soleil brûle nos guérets.
Que Saturne, Herschell et la terre
M'accablent de maux imprévus ;
Je ris de leur vaine colère
Au sein de l'astre de Vénus.

SAINT-AMAND.

LE DANSEUR.

AIR : *Comportez-vous décemment.*

CE fut dans une contre-danse,
Églé, que vous prîtes mon cœur ;
Depuis ce temps-là *je balance*
Pour vous déclarer mon ardeur.
Mais *à ma place* si je reste,
En avant vous ne viendrez pas,
On sait qu'une fille modeste
Fait rarement *le premier pas.*

Il faut donc pour être en mesure
Que je vous parle de mes feux :
Ah ! *ne changez point de figure*,
Tournez vers moi vos jolis yeux.
Pour rendre à mon âme éperdue
Un peu d'espoir et de repos,
Chassez cette crainte imprévue,
Et ne restons pas *dos à dos.*

Quittez, Églé, ce ton sévère,
Ne montrez plus ce froid dédain,
Pour former la chaîne, ma chère,
Aujourd'hui, *donnez-moi la main;*
Ou franchement, je vous en prie,
Ordonnez-moi d'y renoncer.....
On est bien aise, dans la vie,
De savoir *sur quel pied danser.*

LA DANSEUSE.

AIR : *Un rigodon, zig, zag, dondon.*

J'ÉTAIS le quatorzième enfant
   D'une pauvre famille,
Ma mère, d'un air triomphant,
   Montrait partout sa fille.
   J'avais le corps élancé,
   Un petit nez retroussé,
   La taille avantageuse;
L'œil vif et tant soit peu futé,
   Aussi je suis danseuse,
   Danseuse à la Gaîté.

Chansons.

Jusqu'ici mes parens, hélas !
 Me fournissaient à peine,
Le simple fichu de Madras,
 Et la jupe d'indienne ;
 J'attrappais par-ci, par-là,
 Des soufflets de mon papa,
 J'étais bien malheureuse ;
Mais je devins l'enfant gâté,
 Dès que je fus danseuse,
 Danseuse à la Gaîté.

Un financier, notre voisin,
 Ne me regardait guère,
Quand j'allais remplir le matin
 Mon pot chez la laitière ;
 Mais je le reconnais bien,
 C'est lui qui me fait du bien ;
 Sur sa riche dormeuse
Serais-je assise à son côté,
 Si je n'étais danseuse,
 Danseuse à la Gaîté ?

J'ai fait partager mon bonheur
 A ma famille entière :
Si mon cousin est contrôleur,
 Si ma tante est portière,

Si mes frères est mes sœurs
Figurent tous dans les chœurs;
Si ma mère est ouvreuse,
Mon père claqueur patenté,
C'est que je suis danseuse,
Danseuse à la Gaîté.

Je sais que certain grand seigneur
Me trouve fort jolie;
Il deviendra mon bienfaiteur,
Aussi, je le parie,
Quelque jour on me verra
M'élancer à l'Opéra;
Là, déesse orgueilleuse,
J'étale un luxe inusité
Lorsque j'étais danseuse,
Danseuse à la Gaîté.

Mais on dit que l'air étranger
Pour nous est salutaire,
Aussi je prétends voyager,
Je vais en Angleterre;
Et là, du premier abord,
Je veux épouser un lord...

Chansons.

Espérance flatteuse !
Tu soutiens mon agilité,
Tant que je suis danseuse,
Danseuse à la Gaîté.

ARMAND OVERNAY.

L'AVOCAT.

Air :

J'ai su jouir de mes instans,
Et sage et fou par habitude,
Au plaisir j'ai donné le temps
Que je dérobais à l'étude.

Chaque cause d'éclat
Au parquet me voyait paraître ;
La robe et le rabat
Cachaient le frac du petit-maître.
Je commentais plus d'une fois
Et les romans et les cinq codes ;
Souvent mon bulletin des lois
Venait dans mon journal des modes.

Marchant d'un pas égal,
Empruntant une noble aisance,
J'allais après un bal
Me reposer à l'audience;
En plaidant des lois j'omettais
Une citation servile;
Et comme argument je citais
Des maximes de vaudeville;

J'avais établi,
Pour discuter avec éloquence,
Chez Véfour, chez Véry,
Une salle de conférence.
Sur plus d'un dossier je laissais
Un billet doux pour nos actrices,
Quand pour mes cliens je traçais
Maint plaidoyer dans les coulisses;
Et j'ai, changeant de ton,
Pris, suivant l'aventure,
Le manteau de Caton,
La coupe d'Épicure.

J'ai su jouir de mes instans,
Et sage et fou par habitude,
Au plaisir je donnais le temps
Que je dérobais à l'étude.

Chansons.

LA BIJOUTIÈRE.

Air : *Jupiter un jour en fureur.*

O bijoutière ! quel trésor
L'amour a placé dans tes charmes !
L'avare, en te rendant les armes,
  Prodigue l'argent et l'or ;
Il fait mainte et mainte commande,
Sans cesse il vient pour acheter :
   Il voudrait tout emporter   (*bis.*)
   Pour plaire à la marchande.

De tes prix loin de s'effrayer,
Le richard te croit trop modeste,
Et surpris de l'or qui lui reste,
  Il voudrait encor payer.
Chez Vénus, plein de confiance,
Plutus ne marchande jamais ;
   Toujours avec tant d'attraits
   On parle en conscience.

Un Gascon, près de tes appas,
Voit mille joyaux d'un prix rare ;
Mais il s'oublie, amour l'égare,
Joyaux ne le tentent pas.
Et sans penser à sa misère,
Vaincu par tes regards si doux,
Il dit : De tous bos vijoux
C'est bous qué jé préfère.

LE PORTIER.

AIR : *Rendez-moi mon écuelle de bois.*

En jockei, mon fidèle Frontin,
Tu m'étais fort utile ;
Mais je te grondais soir et matin
De trop courir la ville.
Or, d'après son état, son emploi,
Comme il ne faut pas qu'un portier sorte,
Pour te faire rester chez moi
Je t'ai mis à la porte.

Ainsi, dans ton nouveau métier
   Il faut que je te forme ;
Le matin, s'il vient un créancier,
   Veille pour que je dorme.
S'il insiste, peins à grands traits
De ma fièvre la tragique histoire ;
Dis que depuis mon dernier accès
   J'ai perdu la mémoire.

Si par hasard quelque malheureux
   Vient et me sollicite,
Ah ! loin de le cacher à mes yeux,
   Fais-le monter bien vite.
Trop heureux de prêter un appui
A l'honnête indigent qui m'implore,
Je sens bien que m'appauvrir pour lui
   C'est m'enrichir encore.

Accablé du pesant fardeau
   De n'avoir rien à faire,
Si quelque Turcaret nouveau
   Chez moi vient se distraire,
Ne lui réponds que par un non ;
Mais à ses dépens, veux-tu rire ?
Ne lui demande pas son nom,
   Et dis-lui de l'écrire.

Mais aussi quand tu verras, mon cher,
  Venir à la nuit close
Pied mignon, petit nez en l'air,
  Teint de lys et de rose,
C'est Aglaé ! Sans perdre de temps,
Fais monter cette belle à l'œil tendre,
Et songe que fillette, à quinze ans,
  Ne doit jamais attendre.

Change un usage qui me déplaît,
  Dont mon orgueil s'irrite :
Dans tes mains un maudit sifflet
  Annonce une visite.
Un jour de chute siffle moins fort,
Car cette musique infernale
Vraiment me semblerait encore
  Un écho de la salle.

Ta consigne, si tu la suis,
  Doit embellir ma vie ;
De chez moi bannis les noirs soucis,
  Laisse entrer la folie :
Que toujours un verrou protecteur
Des chagrins arrête l'escorte ;
Ouvre, pour recevoir le bonheur,
  Deux battans de la porte.

Chazet.

LE CHASSEUR.

AIR : *On dit que je suis sans malice.*

Je ne sais où j'ai lu qu'en Chine
Un mandarin de maigre échine,
Un certain jour, avec douceur,
Dit à son prince, bon chasseur :
Pour vos sujets je vous implore ;
Bêtes et gens, tout les dévore :
Vous qu'à chasser nul n'égala,
Chassez-nous donc ces pillards-là.

Nous en connaissons d'autre étoffe,
Bourreaux jurés du philosophe,
Que l'on voit sans aucun remords
Violer la cendre des morts ;
Et leur bec, par un sort étrange,
En poignard quelquefois se change :
Vous qu'à chasser nul n'égala,
Chassez-nous donc ces corbeaux-là.

A votre cour il est des pies :
Nous avons tous vu ces harpies
S'appeler Catau, Jeanneton ;
Aujourd'hui ça veut prendre un ton,
Et telle qui nous asticote,
Piétina dix ans dans la crotte ;
Vous qu'à chasser nul n'égala,
Chassez-nous donc ces margots-là.

Votre main, qu'on osa surprendre,
Sur nous lâcha pour nous défendre
Ces chiens hargneux, durs et hautains,
Que nous surnommons des mâtins.
Beaux défenseurs pour la patrie !
Ils ont tondu la bergerie :
Vous qu'à chasser nul n'égala,
Chassez-nous donc ces mâtins-là.

Jusque dans les lieux solitaires
Où nous fêtons les saints mystères,
J'ai vu paraître en tapinois
Des animaux noirs et sournois.
Sans que nos cris les effarouchent,
Ils salissent tout ce qu'ils touchent :
Vous qu'à chasser nul n'égala,
Chassez-nous donc tous ces rats-là.

Il en est d'autres plus immondes,
Qui dans la fange des deux mondes
Iraient se vautrer sans micmac,
Pour mieux gaver leur estomac.
Voyez-les : comme ils se pelottent !
Jusqu'à vos pieds ils barbottent :
Vous qu'à chasser nul n'égala,
Chassez-nous donc ces pourceaux-là.

Enfin ces vautours sanguinaires,
Oiseaux cruels et mercenaires,
Quand l'Aigle disposait des rangs,
De l'Aigle ils se disaient parens.
L'Aigle a courbé sa tête altière,
Ils s'acharnent sur sa poussière !...
Vous qu'à chasser nul n'égala,
Chassez-nous donc ces vautours-là.

LE CHASSEUR.

Air : *Tonton.*

C'EST ici des bois de Cythère
Le plus agréable canton,
Tonton, tonton, tontaine, tonton ;
Sous la plus petite bruyère
Il est du gibier à foison :
 Tonton, tontaine, tonton.

Si l'on manque souvent sa proie,
N'en cherchez pas d'autre raison,
Tonton, tonton, tontaine, tonton ;
C'est qu'on s'écarte de la voie,
Et que le piqueur n'est pas bon :
 Tonton, tontaine, tonton.

Apprenez les règles succinctes
De la chasse de Cupidon,
Tonton, tonton, tontaine, tonton ;

Chansons.

Il ne faut point faire d'*enceintes*,
Ce n'est pas la bonne façon :
  Tonton, tontaine, tonton.

Ne chassez point sur les brisées
  Qu'avant vous d'autres chasseurs font,
Tonton, tonton, tontaine, tonton ;
  Ce sont des prises trop aisées,
  Et le plaisir n'en est pas long :
    Tonton, tontaine, tonton.

  Tomber en défaut, c'est un crime,
  Mais qui mérite le pardon,
Tonton, tonton, tontaine, tonton ;
  Le trop d'ardeur qui nous anime,
  En est quelquefois la raison :
    Tonton, tontaine, tonton.

  Aux abois quand la bête est mise,
  Profitez de l'occasion,
Tonton, tonton, tontaine, tonton ;
  Mais ne sonnez jamais la prise,
  La fanfare est d'un fanfaron :
    Tonton, tontaine, tonton.

L'ATTAIGNANT.

LE CHASSEUR.

Air : *Tontaine, tonton.*

Zéphire a fui notre hémisphère,
Au loin du cor j'entends le son,
  Tonton, tontaine, tonton ;
La chasse, image de la guerre,
Poursuit les habitans du vallon :
  Tonton, tontaine, tonton.

Le chasseur partait, et l'aurore
A peine éclairait l'horizon,
  Tonton, tontaine, tonton,
Qu'aux champs il redoutait encore
D'être le dernier du canton :
  Tonton, tontaine, tonton.

En vain, dans son essor rapide,
Le gibier fuit le mousqueton,
  Tonton, tontaine, tonton ;

Le plomb qu'un œil exercé guide
Le fait tomber dans le vallon :
  Tonton, tontaine, tonton.

Mais laissons la caille tremblante
Qui se blottit près d'un buisson,
  Tonton, tontaine, tonton,
Dérober sa tête innocente
Aux coups de la sœur d'Apollon :
  Tonton, tontaine, tonton.

Aux gais propos que la folie
Inspire à notre Amphytrion,
  Tonton, tontaine, tonton,
Nous, chassons la mélancolie,
Qu'on dit un gibier de bon ton :
  Tonton, tontaine, tonton.

Chassons au loin la basse envie,
Les vains désirs, le noir soupçon,
  Tonton, tontaine, tonton.
Au philtre enchanteur de la vie
Craignons de mêler du poison :
  Tonton, tontaine, tonton.

Tant que nous pourrons rendre hommage
A jeune fille et vieux flacon,
  Tonton, tontaine, tonton,

Chassons les soucis de chaque âge
Sur les traces d'Anacréon :
Tonton, tontaine, tonton.

HAYET.

LA BLANCHISSEUSE.

AIR : *Comportez-vous décemment.*

Sur votre foi de blanchisseuse
Vous jurez de m'aimer toujours ;
Votre ardeur me paraît douteuse,
Car je vous crois d'autres amours.
Pourtant votre bouche jolie
Jure de ne changer jamais ;
Mais puis-je vous croire, Julie,
Quand vous faites tant de paquets ? (*ter.*)

J'ai pour vous beaucoup de tendresse,
D'amour, d'égards, de soins flatteurs ;
Je vous revois avec ivresse,
Et vous prodigue mes ardeurs.

Arrivez-vous, rien ne surpasse
Le plaisir de vous embrasser :
Jamais à celle qui repasse
Je ne dirai de repasser.

Sachant les femmes infidèles,
J'ai pu douter de votre foi ;
Car si l'amour porte des ailes,
Voltiger doit être sa loi.
Mais pour douter encor, Julie,
Je ne suis point assez pervers ;
Pour moi, quoique jeune et jolie,
Je vous ai vu porter des fers.

HENRION.

LE POSTILLON.

Air *de la Galoppade.*

A propos,
J'prends, dispos,

Chansons.

Le galop,
L'pas ou l'trot :
Dans ma route
Coûte qui coûte ;
Chaque jour je prends l'air,
Et j'vais, postillon d'fer,
Comm' la tortue ou l'éclair.

Quand j'mène un procureur,
Ou queu'qu' célèbr' docteur,
Pour arrêter le mal
Je dis : R'tenons mon ch'val.
  A propos, etc.

Quand lassé de retard,
Un officier d'hussard
Enlève un jeune tendron,
Vite un p'tit coup d'ép'ron.
  A propos, etc.

Quand des Français bannis
Reviennent au pays,
Je sais les rendre heureux ;
J'vais ventre à terr' pour eux.
  A propos,
   J'prends, dispos,

Le galop,
L'pas ou l'trot :
Dans ma route
Coûte qui coûte ;
Chaque jour je prends l'air,
Et j'vas, postillon d'fer,
Comme la tortue ou l'éclair.

FRANCIS et **.

LES RAVAGEURS.

OU

GRATTEURS DE RUISSEAUX.

Air *du Vaudeville de Félix et Roger.*

ous, ravageurs, puisqu'ainsi l'on nous nomme,
ous qui d'mandons notre pain au ruisseau,
sons un peu, tout en buvant l'rogome,
ême en croquant sur le pouce un morceau.

Oui, c'en est fait, chevaliers de la gratte,
L'un d'entre nous, dans le feu d'ses labeurs,
Aura sali les bas d'un bureaucrate,
Car on chant'pouille à nous autr's ravageurs.

L'z'agioteurs ravagent nos ressources,
Aux légions ravage le traitant,
Les commerçans font ravage en nos bourses,
Les maisons de jeu ravagent le restant.
La nuit, le jour, certain's mouches outragent
La liberté, les belles et les fleurs ;
Impunément tous ces gens-là ravagent,
Et l'on chant' pouille à nous autr's ravageurs !

Soit effronterie, ignorance ou faiblesse,
Certains journaux ravagent le bon sens,
Les usuriers ravagent la noblesse,
Et la nobless' ravag' les paysans.
A chaqu' dessert on ravag' la décence,
Puis, quand le vin a ravagé les mœurs,
Les libertins ravagent l'innocence :
Et l'on chant' pouille à nous autr's ravageurs !

Les capucins ravagent l'Ibérie,
A droite, à gauch', ravage l'Musulman,
Le doux Miguel ravage sa patrie,
Les Maroquins ravagent l'océan :

Sur plus d'un' rive encor vierge et sauvage
Les fils d'Europe ont porté leurs fureurs ;
Tout n'est en c'mond' que pillage et ravage,
Et l'on chant' pouille à nous autr's ravageurs !

Je pourrais citer aussi trois Excellences
Qui du ravage ont usé tous les ch'mins ;
Deux ravageaient la justice, les finances,
Et le troisièm' ravageait des deux mains.
Après six ans d'abus, d'fraude et d'outrage,
Comment enfin répar't-on tant d'erreurs ?
On gorge d'or ceux qui fir't tout l'ravage :
Et l'on chant' pouille à nous autr's ravageurs !

Mais qu'ai-je dit ? N'sais-je pas, pauvre diable,
Que l'faible a tort et le puissant raison ?
Témoin encor ce temps impitoyable
Qui ravag' tout sans rime ni raison.
Effrontément il taille, il rogne, il pique,
Les p'tits, les gros, les goujats, les emp'reurs,
C'ravageur-là fait trembler la boutique :
Et l'on chant' pouille à nous autr's ravageurs !

LES VIGNERONS.

AIR : *Le visage teint.*

PERÇANT le brouillard
Qui couvrait les monts et les plaines,
Déjà de son char
Apollon a saisi les rênes :
L'habitant des airs
Reprend ses concerts,
Et Bacchus chante sous la treille
Ce refrain si doux à l'oreille :
De pourpre et d'or couronnez vos fronts;
Buvez, chantez, joyeux vignerons.

Les sombres hivers
Déployant leur triste cortége,
Ont du haut des airs
Sur vos pas attiré la neige;
Mais sur les coteaux
Des pampres nouveaux

Chansons.

Au gré de votre douce envie
Produiront des flots d'ambroisie.
 De pourpre et d'or, etc.

 Par de vieux refrains
De gaîté, de gloire et de table,
 Formez aux chagrins
Une barrière insurmontable.
 Célébrez toujours
 Gaîment les amours ;
Et pour que vos chansons légères
Vous gagnent le cœur des bergères,
 De pourpre et d'or, etc.

 Si, dans son courroux,
Jadis sur vos heureux rivages,
 Le destin jaloux
A poussé des hordes sauvages,
 Tout n'est pas perdu;
 Et puisqu'ils n'ont pu
Arracher de ce territoire
La gaîté, le vin, ni la gloire,
 De pourpre et d'or, etc..

 De quinze à trente ans
Tout est plaisir, tout est folie;

Chansons.

Sachez au printemps
Profiter des fleurs de la vie.
Ces fleurs passeront,
Mais lorsque viendront
Les hivers avec leurs ravages,
Pour cacher encor leurs outrages,
De pourpre et d'or, etc.

Il vous dit encor :
Admirez les couleurs divines
De ces grappes d'or,
Jaunissantes ou purpurines.
Laissez donc aux grands
Leurs sceptres pesans ;
Au lieu de couleurs politiques,
Adoptez des couleurs bachiques :

De pourpre et d'or couronnez vos fronts ;
Buvez, chantez, joyeux vignerons.

LE COCHER.

AIR : *En revenant de Bâle en Suisse.*

Je sais m'y connaître,
Le fouet à la main ;
Cocher passé maître,
Je fais mon chemin.

Lorsque l'on me prend à la course,
Je vais toujours très promptement ;
Et certain de remplir ma bourse,
A l'heure je vais lentement.
  Je sais, etc.

Un solliciteur vient d'apprendre
Qu'un emploi doit vaquer bientôt :
Crainte qu'il ne se fasse attendre,
Je le conduis au grand galop.
  Je sais, etc.

Mais lorsque j'ai dans ma voiture
Galant et fille aux frais appas,
Afin qu'aucun d'eux n'en murmure,
Je les conduis au petit pas.
  Je sais, etc.

Cet auteur, effroi du parterre,
Et qui de sifflets n'est point las,
Je le verse dans une ornière ;
Sa chute ne le surprend pas.
  Je sais, etc.

D'un fripon j'accroche la roue,
Il veut en vain s'en garantir :
Je le renverse dans la boue,
Et les passans de m'applaudir.
  Je sais, etc.

Quand je mène un grand personnage,
Qui de route changea souvent ;
Aux torrens, afin qu'il surnage,
Je le mène selon le vent.
  Je sais, etc.

Je conduis chacun à son aise :
A la Bourse un spéculateur,

Chansons.

Un docteur au père Lachaise,
Un gros gourmand chez un traiteur.
  Je sais, etc.

Tout se renouvelle à la ronde,
Tout meurt : mon tour arrivera.
Moi, qui voiture tant de monde,
Un jour on me voiturera.

 Je sais m'y connaître,
 Le fouet à la main;
 Cocher passé maître,
 Je fais mon chemin.

COUPART.

LE COCHER.

Air : *Les gueux, les gueux.*

 Roulons gaîment,
 Car le mouvement
 De l'homme, vraiment,
  Est l'élément.

Chansons.

Dans le métier que j'exerce
Je suis plein d'humanité ;
Et lorsqu'un confrère *verse*,
Je bois vite à sa santé.
  Roulons, etc.

J'ai l'âme si peu farouche,
Que pour nourrir mes chevaux
On me verrait de ma bouche
Retirer tous les morceaux.
  Roulons, etc.

J'ai toujours du foin par bottes
Pour mes paisibles coursiers ;
J'ai quelque foin dans mes bottes,
Et n'ai pas de créanciers.
  Roulons, etc.

Vieille avec moi, je l'avoue,
Bien souvent n'a pas beau jeu ;
Mais quand un tendron me *loue*,
Des quatre pieds je fais feu.
  Roulons, etc.

Conduis-nous, me dit Estelle.
— Fort bien ; mais à quel endroit ?

Chansons.

Son cousin, lorgnant la belle,
Me répond : Toujours tout droit.
  Roulons, etc.

J'ai traîné sans nul salaire
Le vieux poëte Dorval,
Du quartier de la *Glacière*
A celui de l'*Hôpital*.
  Roulons, etc.

A l'*Ile-d'Amour* je mène
Au printemps Lise et Prosper;
Mais l'hiver je les ramène
A la *barrière d'Enfer*.
  Roulons, etc.

Dans ma voiture de place,
Un jeune auteur en renom
A gagné le *Mont-Parnasse*,
En passant par l'*Odéon*.
  Roulons, etc.

Un jour, du *Louvre* à *Montrouge*,
J'ai roulé, quoiqu'un peu neuf,
Un monsieur plus noir que rouge,
En évitant le *Pont-Neuf*.
  Roulons, etc.

Chansons

Pour l'honneur de la couronne,
Je conduirai le soldat
De la *barrière du Trône*
Jusqu'à celle du *Combat*.

  Roulons, etc.

Jusqu'à l'heure où sans remise
La mort prenant son lopin,
Sous la fatale remise
Viendra clouer mon sapin :

  Roulons gaîment,
  Car le mouvement
  De l'homme, vraiment,
  Est l'élément.

CHATILLON.

LE RECRUE.

AIR *de la catacoua.*

DE Caen je vous écris, ma mère,
Le cœur gonflé par maint soupir,

Chansons.

Que depuis que j'suis mirlitaire,
Je m'voilions chaqu' jour despérir;
Cet état-là n' m'est pas propise,
Y m' fait plus de mal que de bien,
   J' deviens à rien
   Dans c' métier d' chien,
Et je vous l' dis en honnête chrestien:
Si vous n' me r'tirez du service,
   Ah! c'en est fait
   D' votr' Dodinet.

A compter de mon arrivée
Dedans c'te maudit' garnison,
Chaqu' jour faut que j' fass' la corvée,
Ou sans ça, gare à la prison.
Y a moins d' gain à parler qu'à s' taire,
N'y a pas plan à faire l'mutin;
   Soir et matin,
   L' fait est certain,
On m' fait tourner ainsi d' mêm' qu'à Pantin;
Ah! si vous voiliez ça, ma mère,
   Votre œil pleur'rait
   Sur Dodinet.

C' qui m' fait enrager, et c' qui m' damne,
Lorsque j' roupill' d'un si bon cœur,

C'est quand l' matin, sur sa peau d'âne,
Tappe Mathieu, l' tambourifleur.
Dam' pour le r'pos j' suis intrépide,
A l'appel j' suis jamais l' premier,
  Qu' notre officier
  Vienn' chamailler,
Je r'tap' de l'œil, pour le laisser crier;
Et puis l' monsieur, d'humeur perfide,
  Fourre à l'arrêt
  L' pauvre Dodinet.

Quelqu'fois on m' fait fair' la cuisine,
Chos' qui n' me convient pourtant pas,
Et c' qui m' rend l'âm' bien plus chagrine,
C'est qu' par jour je n' fais plus qu' deux r'pas.
Au camp c'est pis qu'à la caserne,
M'a dit mon ami Croustignac;
  Moi, du bivac
  Je connais l' tac,
Tu s'ras là vid' comme ton havre-sac;
J'ai d'jà l' ventr' creux comme un' lanterne,
  Ah! qui n' plaindrait
  L' pauvre Dodinet.

C' qui m' taquin' le plus et qui m' lasse,
C'est d' fair' l'exercic' trop souvent;

J' suis d' jà pourtant d' la troisièm' classe,
Et c'est un fameux commenc'ment ;
Mais quand sur ma tête d' police
J'ons l' bonnet d'un d' ces grenadiers,
   Qui les premiers
   Cueill' des lauriers
Quand y s' buchont pour défendr' leurs foiliers,
On prétend qu' monsieur d' la Palisse
   Fut tout l' portrait
   D' votr' Dodinet.

Si des Césars j' n'ai pas l' mérite,
J' vous assur' que ça m'est égal,
J' somm's déjà z'officier d' guérite,
J' peux-t-y pas d'venir corporal ;
Au lieu d' porter la clarinette,
Ainsi qu' doit l' fair' chaqu' troubadour,
   Mieux qu'un pandour,
   La nuit et l' jour
J' men'rais l'enn'mi si l'on m' nommait tambour,
Ah ! Dieu de Dieu ! z'une baguette,
   Comm' ça chauss'rait
   Votr' Dodinet.

Rien d' plus à vous marquer, ma ch' mère,
Si c' n'est qu'à la fin tout bêtement,

J' prenons goût z'à l'art militaire,
Et n' veux pas quitter l'ergiment.
Au village je m' fais un' fête
D'entendre dir' : Ah ! quel guerrier,
Quel beau laurier
L'on voit briller
De dessus l' cœur de c' brave officier ;
Eh bien, c' monsieur qu'à pas l'air bête,
Qu'est-c' qui dirait
Qu' c'est Dodinet.

LA VIELLEUSE.

Air : *Ah! maman, que je l'échappe belle.*

Oui, je pars, adieu Barcelonnette,
Je vais à Paris, j'espère y faire une conquête ;
Je suis jeune, gentille et bien faite,
L'air tendre et badin ;
L'œil vif, un petit air mutin.

Lorsque j'ai ma vielle organisée
J'enchante les cœurs, et partout je suis admirée ;

Chansons

Je mérite bien la renommée,
J'ai l'esprit malin,
Et je suis fille à toute main.

Je touche l'instrument avec grâce;
J'ai l'air séducteur, j'entre partout avec audace;
Si l'on m'appelle dans quelque place,
Je joue à l'instant
Un petit air vif et charmant.

Je m'occupe ainsi dans la journée :
Je cherche chalands, et je fais la dissimulée,
Je tâche d'avoir à la pipée
Quelque bon garçon;
Qui soit jaloux d'avoir du son.

Si quelqu'un vient me conter fleurette,
J'affecte un air doux, je souris, je fais la follette;
On m'embrasse, je fais l'inquiète,
Et pour m'apaiser
On me donne un second baiser.

A Paris, on aime jeune et brune,
Le matin, le jour, le soir, pendant un clair de lune;
Je veux faire bientôt ma fortune,
J'ai la balle en main,
Je vais faire valoir mon bien.

II.

LE BOULANGER.

AIR : *Un tonnelier vieux et jaloux.*

A L'ART qui nous donne du pain
Qu'avec orgueil chacun se livre ;
D'abord, il est un fait certain,
C'est que sans pain on ne peut vivre ;
Et pour nous en faire manger
Il n'est rien comme un boulanger :
Pétrissons, pétrissons, allons bon train,
Chassons l'ennui, chassons la faim.

On pourrait vivre sans auteurs,
On pourrait vivre sans musique,
On vivrait bien sans orateurs,
Même sans parler politique,
Mais on s'efforcerait en vain
De vivre sans manger du pain :
Pétrissons, pétrissons, allons bon train,
Chassons l'ennui, chassons la faim.

LA BOULANGÈRE.

Air connu.

Gentille boulangère,
Qui des dons de Cérès,
Sais d'une main légère
Nous faire du pain frais,
Des biens que tu nous livres
Peut-on se réjouir ?
Si ta main nous fait vivre,
Tes yeux nous font mourir.

De ta peau douce et fine
Qu'on aime la fraîcheur ;
C'est la fleur de farine
Dans toute sa blancheur.
Qu'on aime la tournure
Des petits pains au lait,
Que la bonne nature
A mis dans ton corset.

De tes pains, ma mignonne,
L'Amour a toujours faim ;
Si tu ne les lui donne,
Permets-en le larcin.
Mais tu ne veux l'entendre,
Tu vis de ses hélas !
Quand on vend du pain tendre,
Pourquoi ne l'être pas.

D'une si bonne pâte
Ton cœur paraît pétri ;
De mes maux, jeune Agathe,
Qu'il soit donc attendri.
Ne sois pas si sévère,
Écoute enfin l'Amour,
Et permets lui, ma chère,
D'aller cuir à ton four.

LE DUC DE NIVERNOIS.

Chansons.

LE CHARPENTIER.

Air *de la Boutonnière.*

Chers compagnons, dans ce séjour,
Où le compas est en usage,
Je veux célébrer à mon tour
La gloire du compagnonnage.
A l'instant même qu'on les voit,
Par leur courage et leur franchise,
En tous lieux on aime, on reçoit
Les enfans du père Soubise.

Les renards de la liberté
Sont enchaînés dans leur tannière :
Ce n'est pas notre volonté
Qu'ils passent jamais la barrière.
Leurs talens sont par trop petits
Pour les laisser faire à leur guise ;
Le tour de France n'est permis
Qu'aux enfans du père Soubise.

De ces tanneurs, ces corroyeurs,
Chers compagnons, rions sans cesse;
Ils veulent porter nos couleurs,
Prenons pitié de leur faiblesse.
En dépit de tous leurs caquets,
Quoique l'on fasse et quoiqu'on dise,
Ces gens-là ne vaudront jamais
Les enfans du père Soubise.

Dans ce moment je veux aussi
A la mère offrir mon hommage,
Car nous devons louer ici
Ses soins pour le compagnonnage.
Si le sort nous rend voyageurs,
Dans quelqu'endroit qu'il nous conduise,
La mère vivra dans les cœurs
Des enfans du père Soubise.

Chers compagnons, point de repos
Avant que ces flacons soient vides :
A la table comme aux travaux
Montrons-nous des lurons solides.
De peur qu'un jour notre renom
Ou s'affaiblisse ou se divise,
Soutenons la gloire et le nom
Des enfans du père Soubise.

Chansons.

LE CHARPENTIER DE MARINE.

Air *de la Casquette.*

En France, on ne l'ignore pas,
On n'est ni poltron ni timide,   (bis.)
Et l'on trouve, dans tons les états,
Des lurons au poignet solide;
Dès qu'il faut mettre les holà
Jamais ils ne font triste mine :
Mais, morbleu, pour être bon là,
Vive un charpentier de marine,
    De marine.

Toujours amans de la beauté,
Tout prêts à lui rendre les armes ;
Ils n'attaquent point la fierté
Par des soupirs ni par des larmes ;
Tout doucement, ces vrais lurons,
Les font glisser à la sourdine.
Oui, pour emporter les tendrons,
Vive un charpentier de marine ;
    De marine.

Chaque Français, ami du vin,
Lorsque son gosier s'en arrose,
Se montre plus ou moins malin.
Plus ou moins bien porte sa dose.
A la barbe de l'univers,
Pour avaler pinte et chopine,
Sans aller souvent de travers,
Vive un charpentier de marine,
De marine.

LES RELIEURS.

Air : *du Dieu des bonnes gens*.

Tout' fillette a besoin de parure,
L'homme n'est rien s'il n'a pas un habit,
Et maint bouquin, grâce à sa couverture,
Obtint souvent la vogue et le débit.
Or, à ces faits, puisque l'on doit souscrire,
En se riant des sots et des railleurs,
Sans flatterie on peut justement dire :
Hommage aux relieurs.

Ces grands écrits, que partout on renomme,
Qui des mortels ont été les flambeaux,
Avec le temps, et sous les doigts de l'homme,
Finiraient tous par tomber en lambeaux.
Mais une main adroite autant qu'agile,
Sut attacher, pour sauver nos auteurs,
Double rempart à leur tissu fragile,
  Hommage aux relieurs.

Noble débris des antiquités grecques,
Temple des arts, honneur de l'univers ;
N'oublions pas que nos bibliothèques
Ont fait envie à cent peuples divers.
Si d'écrivains une foule innombrable,
De ces dépôts furent les pourvoyeurs,
A qui doit-on leur coup d'œil agréable ?
  Hommage aux relieurs.

Dans ces vieux temps, où tout était gothique,
Où les beaux arts n'allaient que pas à pas,
D'un carton lourd et d'un dessin antique,
On surchargeait jusqu'aux moindres formats ;
Mais Cimier vint, et chaque livre en France
Eut des habits moins pesans et meilleurs :
On sut unir la force à l'élégance,
  Hommage aux relieurs.

Il est pourtant un reproche à leur faire :
C'est de parfois mal placer les habits :
En parchemin j'ai vu mettre un Voltaire,
En maroquin les œuvres d'un marquis.
Et quand on voit sous or, jaspe ou porphyre
Se pavaner de méchans bredouilleurs,
Vous conviendrez qu'on n'a pas lieu de dire :
    Hommage aux relieurs.

Habillez-nous Ancelot en peau d'âne,
Couvrez en bœuf le fameux d'Arlincourt,
En drap d'argent le chantre heureux de Jeanne,
En peau de veau l'illustre Dinocourt.
Que le mouton nous cache un Martainville,
Le cuir de chien tous les sots rimailleurs ;
Et l'on va dire à la cour, à la ville :
    Hommage aux relieurs.

E. D.

LE CARABIN.

Air : *Un grenadier c'est une rose.*

Droit comme un I, fier comme un prince,
La caisse et le gousset garnis,
Sortir gaîment de la province
Pour venir s'instruire à Paris.   (*bis.*)
Croyant à la vertu des belles,
En Céladon faire auprès d'elles
Gauchement ses premiers essais,
Sans oser croire à des succès,
Voilà (4 *fois*) le carabin français.

Un an se passe, à la Chaumière,
Le pied leste et l'œil dégourdi,
Avec Anna, Lise ou Glicère,
Ecoutez son accent hardi :
Je meurs, si tu ne veux m'entendre,
On cède, d'un amour si tendre,
Craignant les sinistres effets,
Et puis il change un mois après,
Voilà le carabin français.

Chansons.

Des savans de la capitale
Retenir les doctes leçons,
Mais fredonner hors de la salle
Des gaudrioles en chansons,
S'entendre à nous tenir sur quille
Aussi bien qu'à bloquer la bille,
Et gaîment voltiger après
De l'école aux estaminets,
Voilà le carabin français.

Parfois dans la sombre chambrette
Qu'il occupe au Pays-Latin,
Sur le sein de gente fillette,
Il oublie un cours du matin.
Ennuyé du train de la ville,
Dans les bosquets de Romainville,
Avec Lise il prend des œufs frais,
Puis il prend autre chose après,
Voilà le carabin français.

Son vêtement riche et commode,
Qu'à payer parfois il est long,
En fait l'oracle de la mode,
En fait l'ornement d'un salon.
Puis de retour dans sa masure,
Gaîment il envoie à mesure,

Chansonet

Habits, pantalons et gilets
Au secours de ses draps fluets.
Voilà le carabin français.

Trouvant mauvais que l'on s'écarte
Des sermens que l'on a jurés;
Il ne veut point que de la charte
On fronde les dogmes sacrés.
Craignant toujours qu'au poids des truffes
On vende nos droits aux tartuffes,
Il siffle tous les gringalets
Qui vendent leur plume aux palais.
Voilà le carabin français.

Enfin voici son caractère :
Loyal envers ses ennemis;
Amant volage, ami sincère;
Mais surtout fier de son pays :
Prêt à voler pour sa défense,
Il ne peut souffrir qu'on l'offense;
Et si quelqu'un l'osait jamais.....
Il sait aiguiser des fleurets.
Voilà (4 fois) le carabin français.

LA GRISETTE.

Air : *Ça pass' comme un' lettre à la poste.*

Je m'éveille ; où suis-je couché ?
Ce n'est pas mon lit ordinaire ;
Mais pour en paraître fâché,
J'ai l'âme par trop débonnaire.
Je suis près d'un minois joli,
Mais je te reconnais, brunette ;
Hier, pour échauffer ma musette,
Sans façon tu m'offris ton lit ;
Dieu ! que c'est gentil, la grisette !

Jusqu'à mon cœur sentant jaillir
De champagne une forte dose,
Je t'ai dit : je voudrais cueillir
Une des feuilles de ta rose.
J'en ai cueilli trois, ma Ninon :

Chansons.

Maintenant que la chose est faite,
Faisons connaissance complète;
Je ne sais pas même ton nom:
Dieu! que c'est gentil, la grisette!

Ton nom, c'est Lucrèce, dis-tu,
Et tu travailles dans les modes;
Je m'en doutais, car la vertu
Est parmi vous des plus commodes.
A la chaleur de nos amours
Me voilà sûr, ma bergerette,
De ta fidélité parfaite.....
Ça pourra bien aller huit jours....
Dieu! que c'est gentil, la grisette!

Toi, qui possèdes plus d'appas
Que vingt duchesses à panache,
A tes amans tu ne vends pas
Les trésors que ton fichu cache.
Avec de tes sœurs j'ai vécu:
Je sais le prix de ta couchette;
J'en serai quitte pour l'emplette
D'un anneau d'un petit écu....
Dieu! que c'est gentil, la grisette!

Vainement d'un ton séducteur
De plaisir tu te dis avide;

Moi, je suis gueux comme un auteur,
Le coin de ton mouchoir est vide ;
Mais comme il serait peu galant
Que la noce, dis-tu, poulette,
Finît sans un coup de fourchette....,
Tu veux mettre ton châle en plan :
Dieu ! que c'est gentil, la grisette !

Si tant d'amour dure, bientôt
Nous aurons changé, je parie,
Et ta pelisse et mon manteau
En cachets du bal d'Idalie.
Puis enfin nous regagnerons,
Toi ton magasin de toilette,
Moi mon entresol de poëte...,
Quand nous aurons croqué nos fonds,
Dieu ! que c'est gentil, la grisette !

C'est égal ; dans ton œil vainqueur
La volupté brille et respire ;
Tes petites lèvres en cœur
Font naître incendie et délire.
Près de fillette sans désir,
Souvent la nature est muette,
Tandis qu'avec toi, ma brunette,
On meurt et remeurt de plaisir :
Dieu ! que c'est gentil, la grisette !

L'ÉCAILLÈRE.

Air *gravé, musique de Galayes.*

  A la barque!   (ter.)
Crie Annette à tous les passans :
Accourez, aimables chalans ;
Pour vous de la belle écaillère
L'huître s'ouvre dans la cloyère :
Qui n'en profite pas a tort,
Et d'un ton qui nargue la Parque,
Elle répète encor plus fort :
  A la barque!   (5 *fois*)

  A la barque!
De l'écaillère la fraîcheur
Près d'elle attire un vieux pêcheur
Qui, portant la main sur son huître,
Entame le joyeux chapitre.

Mais Annette dit au galant
Que la faulx du temps touche et marque ;
Allez donc !..... Caron vous attend
  A la barque !

  A la barque !
L'intendant d'un seigneur puissant
S'approche d'un air caressant
De notre écaillère gentille ;
Il juge l'huître à la coquille.
Dix douzaines sont aussitôt
Sous la dent du nouveau biarque,
Dont le maître solde l'écot :
  A la barque !

  A la barque !
Goddem ! dit un fils d'Albion,
Des huîtres !.... quelle occasion !
Avant de repasser à Douvre,
Je veux que cinq cents on me ouvre.
Mais la belle, sans l'écouter,
Dit à l'Anglais qui la remarque :
Dépêchez-vous de remonter....
  A la barque !

  A la barque
Arrive un jeune et fier hussard
Qui sans payer, en égrillard,

Chansons.

Malgré qu'Annette le chapitre,
De la belle ouvre et hume l'huître ;
Mais elle est fille, il est garçon :
L'amour n'est pas un Aristarque ;
Tout finit par cette chanson :
    A la barque !   (5 *fois.*)

GILBERT.

LE CENSEUR.

AIR : *De la treille de sincérité.*

SELON ses désirs chacun mange,
Chacun peut choisir ses morceaux ;
Donc, puisque la main nous démange,
Empoignons de larges ciseaux.   (*bis.*)
Quand vous verrez dans mainte feuille
Qui tant de fois vous courrouça,
Des lazzis sur le portefeuille,
Mes bons amis, rognez-moi ça.

  Rogner est un usage
    Sage :
Rognons tout ce qui s'offre à nous ;
Rogner est un plaisir si doux !

Chansons.

Si quelquefois un journaliste
Grognon, maussade et raisonneur,
A le front de suivre à la piste
Les bêtises d'un monseigneur;
S'il compte, en parlant d'un ministre
Tous les talens qu'il déplaça,
De nos hauts faits s'il tient registre,
Mes bons amis, rognez-moi ça.
   Rogner, etc.

Si d'autrefois ce journaliste
Espionnant les grands salons,
Au public faisant voir la liste
Des repas que nous avalons,
Et s'il veut, à propos de truffes,
Dont chacun de nous s'engraissa,
Nous glisser le mot de tartufes,
Mes bons amis, rognez-moi ça.
   Rogner, etc.

Dans ces annales indiscrètes,
Chaque fois que vous pourrez voir
Citer les bamboches secrètes
De quelques élus du pouvoir;
Et si, d'humeur trop libérale,
Maint électeur qu'on expulsa

Chansons.

Parle de fraude électorale,
Mes bons amis, rognez-moi ça.
    Rogner, etc.

Sur les plaintes ou l'allégresse,
Amis, allez toujours biffant ;
Point de nouvelles de la Grèce,
La girafe vous le défend.
Mais si voyez par braverie
Ces trois mots de sinistre accord :
Liberté, triomphe, patrie,
Rognez, rognez, rognez encor.
    Rogner, etc.

Que chacun se montre docile,
Qu'à mes leçons il fasse honneur,
Vous verrez que rien n'est facile
Comme le métier de rogneur :
En quatre temps on peut l'apprendre,
Puisque, sans jamais barguigner,
Tout ce que l'on ne peut comprendre,
On est quitte pour le rogner.

  Rogner est un usage
      Sage :
Rognons tout ce qui s'offre à nous ;
Rogner est un plaisir si doux !

LA RELIGIEUSE.

AIR : *Portrait charmant*, ou : *Je suis Lindor*, etc.

Dans les tourmens d'une douleur amère,
Je vois, hélas ! s'écouler mes beaux jours ;
Je ne puis même en de chastes amours
Chercher l'espoir d'être un jour bonne mère.

Plus d'espérance ! un devoir trop sévère
De l'hyménée éloigne tous mes vœux :
O vous, qu'engage un lien vertueux,
Vous me plaindrez, je ne serai point mère.

Que le destin m'accable de misère,
Qu'un noir chagrin me prive du repos,
Je ne voudrais, pour soulager mes maux,
Que le bonheur d'avoir le nom de mère.

Parfois au sein d'une erreur qui m'est chère,
A mes côtés je crois voir mes enfans

Gaîment quitter leurs plaisirs innocens
Pour le plaisir de caresser leur mère.

Mais vain mensonge, inutile chimère!
Au célibat mes jours sont condamnés ;
Ces jours de vie on me les a donnés,
Hélas! et moi je ne serai point mère.

O jeune Agnès! quel est ton sort sur terre?
Douce, sensible, et faite pour charmer,
Toi qu'on ne peut connaître sans aimer,
Que je te plains......tu ne seras point mère!

LA LAITIÈRE.

Air *connu.*

Voila, voilà la petite laitière ;
Qui veut acheter de son lait ?
L'autre jour, avec Colinet,
Assise, au bord de la rivière,

Nous faisions ensemble un bouquet,
Et d'une gentille manière,
Nous mêlions la rose à l'œillet :
   Voilà, voilà, etc.

Nous mêlions la rose à l'œillet,
Et mainte autre fleur printanière,
Il s'en saisit quand il fut fait,
En me disant : Tiens ma bergère,
Veux-tu l'avoir à ton corset :
   Voilà, voilà, etc.

Veux-tu l'avoir à ton corset ;
Ne fais donc pas tant la sévère,
Donne un baiser à Colinet.
J'eus beau montrer de la colère,
Malgré moi le marché fut fait :

Voilà, voilà la petite laitière,
Qui veut acheter de son lait.

ANSEAUME.

Chansons.

LE CHANSONNIER.

AIR : *des chevilles de maître Adam.*

Hier au soir, un vieil ami d'enfance
Me demandait : Mon cher, comment fais-tu
Pour soutenir ta pénible existence,
Sans un emploi qui te vaille un écu ?
Oui, j'en conviens, pour manger et pour boire
De temps en temps, je n'ai pas un denier,
Et cependant, mon cher, tu peux m'en croire,
Rien n'est heureux comme un vrai chansonnier.

Crois-en, l'ami, crois-en ma chansonnette,
Le vrai poète est un magicien,
Soumettant tout aux lois de sa baguette,
Le plus rapé vit en épicurien.
Grâce au talent de sa muse bavarde,
Quand il saisit un chiffon de papier,
D'un hareng saur il fait une poularde :
Rien n'est heureux comme un vrai chansonnier.

Lorsque pour lui Plutus est un peu traître,
Heureux s'il loge au-dessus d'un traiteur ;
Il peut manger sa croûte à la fenêtre,
Cela vaut mieux que de dîner par cœur.
Puis en goguette un peu plus tard il entre,
Et grâce aux chants que sa voix sait brailler,
De quelques *bis* il se remplit le ventre :
Rien n'est heureux comme un vrai chansonnier.

Dans tous les temps, grâce à la retenue,
Q'en son costume on le voit apporter ;
Si les frimats l'attrappent dans la rue,
Il n'y tient pas, il n'a rien à gâter.
A son retour il saisit ses pincettes,
De ses brouillons il se forme un brasier,
Puis il se chauffe en brûlant ses boulettes :
Rien n'est heureux comme un vrai chansonnier.

Frères auteurs, comme dans ma patrie ;
Plus d'un poète, hélas ! est mort de faim,
Il se pourrait, malgré votre génie,
Que vous fussiez sans logis et sans pain.
Eh bien alors, détachez par la ville
Sur les abus un couplet chicanier,
On saura bien vous trouver un asile,
Rien n'est heureux comme un vrai chansonnier.

Pour en finir, lorsqu'il meurt à Bicêtre,
Lieux où l'esprit conduit assez souvent,
Le vieux Caron, qui doit bien s'y connaître,
N'ose jamais lui demander d'argent.
Sa muse, après vingt ou trente ans d'angoisse,
Va d'Apollon grossir le poulailler,
Puis on l'enterre aux frais de la paroisse :
Rien n'est heureux comme un vrai chansonnier.

LE CHANSONNIER.

Air : *faut d'la vertu.*

Ah ! mon Dieu ! qu' l'état d' chansonnier (*bis.*)
Est maint'nant un vilain métier. (*bis.*)

   Pour rimer leurs chansons légères,
  Nos pèr's invoquaient Apollon ;
  Aujourd'hui l'on n'invoqu' plus guères
   Que Richelet ou Philippon :
Ah ! etc.

Savez-vous d'un' gaze un peu claire
Voiler vos tableaux ingénus,
Votre mus' paraît somnifère
A nos bell's qui n'en portent plus.
Ah! etc.

Sur le dogme ou la politique,
Si vous voulez vous égayer,
Il faut mettre en style lyrique
La lourde prose du courrier:
Ah! etc.

A nos saints, dans vos intermèdes,
Si vous consacrez vos pipeaux,
Il faut trouver des charm's aux laides,
Et célébrer l'esprit des sots:
Ah! etc.

Souvent dans un délire aimable,
Enfantant des vers inspirés,
Vous rimez un' chanson de table,
Et ne savez où vous din'rez:
Ah! etc.

Nos pères jadis sans esclandre,
Fêtaient et Vénus et Bacchus,

Chansons.

Aujourd'hui plus sobre et moins tendre,
On n'aim' guère, et l'on n'se gris' plus:
Ah! etc.

 Autrefois à l'Académie,
Quelques couplets faisaient entrer ;
De nos jours à Sainte-Pélagie,
 Un' chanson vous fait claqu'murer :
Ah! etc.

 Quand la parqu' chez vous se faufile,
A vos héritiers, pour tout bien,
Vous laissez le quart d'un vaudeville
Et votr' diplôm' d'épicurien :

Ah! mon Dieu! qu' l'état d' chansonnier.
Est maint'nant un vilain métier.

HENRI SIMON.

LA REPASSEUSE.

AIR : *Pégase est un cheval qui porte*.

D'UNE gentille repasseuse
Je veux vous tracer le portrait;
Et comme sous sa main heureuse
On voit s'embellir chaque objet.
Elle attire plus d'un hommage,
A l'admirer tout nous contraint;
Rien n'est plus blanc que son ouvrage,
Si ce n'est l'éclat de son teint.

Près du fourneau de cette belle
Si vous vous approchez un peu,
Craignez d'Amour quelqu'étincelle,
Car c'est lui qui souffle son feu.
Ce dieu, qui fait que l'on soupire,
Lui soumet les cœurs les plus fiers,
Et l'on entend chacun lui dire :
Je brûle de porter vos fers.

Se parant de la jupe blanche
Que plissèrent ses jolis doigts,
Les jours de fête ou de dimanche,
C'est là que brille ce minois.
Sous la colerette ou la fraise,
Combien j'aime son air aisé !
Quoique tous les jours elle empèse,
Son ton n'est jamais empesé.

Contre l'amour elle s'irrite ;
De vertus son cœur est rempli,
Et nul ne peut dans sa conduite
Lui reprocher un mauvais pli.
Je sors à l'instant de chez elle ;
Mais sans chercher à l'offenser,
Comme pratique de la belle
Je vais bien vite y repasser.

L'ÉDITEUR RESPONSABLE.

Air : *de la grisette.*

Je n'ai ni rente, ni châteaux,
Bien de ville, ni de campagne,
J'avale pourtant du Bordeaux,
Je sable gaîment du Champagne ;
J'ai mon logement au premier,
Cabriolet et bonne table ;
Savez-vous quel est mon métier ?
Je suis éditeur responsable.

Jadis toujours je me taisais,
En vrai docteur abécédaire,
Jamais alors je ne disais :
Mon imprimeur ou mon libraire.
Sur mille sujets différens
Je tranche aujourd'hui du capable ;
C'est que du journal des savans
Je suis éditeur responsable.

Chansons.

Je réponds de tous les journaux,
Littéraires et politiques,
Economiques et moraux,
Dramatiques et satyriques.
Dans le cercle des gens d'esprit
Je tiens un rang très remarquable ;
Dès que l'on m'aperçoit on dit :
Voilà l'éditeur responsable.

Partout mes bons mots sont cités,
Car je suis un malin compère ;
J'ai mille belles qualités,
Je suis bon époux et bon père.
J'ai déjà six jolis enfans ;
Ma petite femme est capable
De m'en donner un tous les ans :
Je suis éditeur responsable.

Grâce à moi plus d'un écrivain
Des dieux de l'Olympe se raille.
La foudre éclaterait en vain
Pour frapper un homme de paille.
Jupiter tonne, et je suis là ;
Thémis veut avoir un coupable,
Momus siffle, et leur dit : Voilà,
Voilà l'éditeur responsable.

De tous les états, mon état
Est le meilleur, je vous le jure ;
C'est vraiment un canonicat,
Une commode sinécure,
Surtout depuis qu'avec raison
On fait, pour un prix convenable,
Assurer, contre la prison,
Monsieur l'éditeur responsable.

LE JOURNALISTE.

Air : *N'gn'y a qu'à Paris.*

Lecteurs, sachez qu'en mon journal
Je veux être un juge sévère,
Bien que censeur impartial,
Je puis devenir débonnaire ;
Voici le moyen, entre nous :
    Abonnez-vous.   (4 *fois.*)

Voulez-vous, messieurs les auteurs,
Que jamais on ne vous persiffle,

Chansons.

Voulez-vous, messieurs les acteurs,
Être vantés quand on vous siffle?
Voici le moyen, entre nous :
　　Abonnez-vous.

Et vous, actrices, que le temps
A, malgré tout, un peu vieillies,
Voulez-vous n'avoir que vingt ans,
Être toujours jeunes, jolies?
Voici le moyen entre nous :
　　Abonnez-vous.

Vous, faiseurs de mauvais romans
Qui pourissent chez le libraire,
Pour qu'on dise qu'ils sont charmans,
Et qu'en tous lieux ils savent plaire?
Voici le moyen, entre nous :
　　Abonnez-vous.

Traiteurs chez qui l'on dîne mal,
Qui pour Beaune offrez du Surène,
Pour qu'on dise, dans mon journal,
Que vous valez Véry, Balaine?
Voici le moyen, entre nous :
　　Abonnez-vous.

Usuriers devenus Crésus,
Banqueroutiers millionnaires,
Pour qu'on exalte vos vertus,
Qu'on fête vos anniversaires,
Voici le moyen, entre nous :
    Abonnez-vous.

Généraux que l'on ne vit pas,
Ou qu'à l'armée on vit à peine,
Si vous voulez, dans tous les cas,
Être des Bayard, des Turenne,
Voici le moyen, entre nous :
    Abonnez-vous.

Vous ministres, que tour-à-tour
L'on critique, l'on injurie,
Désirez-vous que chaque jour
On fasse votre apologie ?
Voici le moyen, entre nous :
    Abonnez-vous.

COUPART.

LE SAVETIER.

Air : *Voilà le grenadier français.*

Un savetier, c'est un' linotte,
Qui chante dès le point du jour ;
En racc'modant soulier ou botte,
C'est vraiment comme un troubadour. (*bis.*)
Vient-il jaser une portière,
Un' bonn' d'enfans, un' cuisinière ;
Leur fair' des cancans, des paquets,
Des calembourgs, mèm' des couplets,
Voilà (*ter.*) le savetier français. (*bis.*)

Le savetier auprès des femmes,
Est toujours aimable et galant ;
Il est le favori des dames,
Et son fort c'est le sentiment ;
Car s'il aim' le vin, l' cidr' la bière,
Il aim' mieux sa particulière,
Et ne pense qu'à ses attraits,
Quoiqu' souvent il l'y fass' des traits :
Voilà, le savetier français.

LE CHAPELIER.

AIR : *Tenez, moi je suis un bon homme.*

Dans certain chapitre, Aristote
Prétend qu'on se coifferait mieux,
Si l'on n'usoit d'autre calotte
Que de la calotte des cieux ;
Or, sans compter, plus d'une bête,
Qui ne craint pas pour son cerveau,
Que de gens qui n'ont pas de tête,
Pourraient se passer de chapeau.

Mais puisque tout le monde en porte,
Pourtant il faut en avoir un,
Qu'il soit rond ou pointu: qu'importe?
S'il est fait à l'air de chacun.
Orgon dit : je veux vivre au large,
Je ne suis pas un damoiseau,
Et c'est ma femme qui se charge
De la forme de mon chapeau.

Chansons.

Si l'on rencontre par la ville
Quelque fat ou quelque ennuyeux,
Sans contredit il est utile
D'avoir son chapeau sur les yeux ;
Mais pour peu qu'elles soient gentilles,
A la ville comme au hameau,
On donne des coups-d'œil aux filles,
Aux papas des coups de chapeau.

Le Bourgogne à l'ami Grégoire,
Tous les jours offre tant d'appas,
Que dès qu'on lui parle d'en boire,
Il accepte et met chapeau bas.
Jamais son gosier ne s'en lasse,
Pourvu qu'il soit frais et sans eau,
Il boiroit, à défaut de tasse,
Dans la corne de son chapeau.

Zulmé, peu de beautés égalent
Vos attraits et vos qualités ;
Mais vous payez plus qu'ils ne valent
Les beaux chapeaux que vous portez.
On vous observe, on vous censure
Dès que vous avez du nouveau,
C'est en changeant trop de coiffure
Qu'on se donne un mauvais chapeau.

Je suis incrédule et revêche,
S'écriait un rieur fieffé,
En vain l'abbé Chapeau me prêche,
Je n'en serai jamais coiffé ;
D'une coiffure biscornue,
Je me rirai jusqu'au tombeau,
Je suis venu la tête nue,
Je m'en irai bien sans chapeau.

ANTIGNAC.

LE CHAPELIER.

AIR : *de danse.*

CE sont des chapeaux que je vend,
Et palsambleu je les foulerai tant ;
Les dames vont les marchandant,
Je les fais, je les foule et les foulerai tant,
  Et palsambleu, je les fais, je les foule,
  Et palsambleu, je les foulerai tant.

Chansons.

Il en vient une de quinze ans,
Et palsambleu je les foulerai tant,
Qui dit : Apprenez-moi comment,
　　Je les fais, je les foule, etc.

En travaillant si lestement,
Et palsambleu, je les foulerai tant,
Vous pouvez les faire si grands.
　　Je les fais, je les foule, etc.

Pour la contenter sur-le-champ,
Et palsambleu, je les foulerai tant,
Je lui mis la forme dedans :
　　Je les fais, je les foule, etc.

Je travaillai si promptement,
Et palsambleu, je les foulerai tant,
Que j'en fis deux en un instant :
　　Je les fais, je les foule, etc.

Hélas ! dit-elle en soupirant,
Et palsambleu, je les foulerai tant ;
Combien en feriez-vous dans l'an ?
　　Je les fais, je les foule, etc.

Je lui répondis sur-le-champ :
Et palsambleu, je les foulerai tant,
J'en ferais au moins douze cents :
 Je les fais, je les foule, etc.

Travaillez pour moi seulement,
Et palsambleu, je les foulerai tant,
Et vous aurez tout mon content,
Je les fais, je les foule et les foulerai tant,
Et palsambleu, je les fais, je les foule,
Et palsambleu, je les foulerai tant.

LE MAITRE DE LANGUE.

Air : *Ma belle est la belle des belles.*

L'amour voulait que je vécusse,
Mais que mon cœur le méconnût ;
Fallait-il que je t'aperçusse
Pour que mon œil le reconnût ?

Chansons.

Fallait-il sans que je le susse
Que ma folle amitié s'accrût?
Fallait-il que je te déplusse,
Pour que mon bonheur disparût?

Fallait-il donc que je souffrisse,
Pour que ton cœur se réjouît?
Fallait-il que je me plaignisse,
Pour que ton orgueil s'applaudît?
Fallait-il que je me transisse,
Pour que ta froideur se tiédît?
Fallait-il que je me guérisse,
Pour que ta fierté se rendît?

Fallait-il que je te bravasse,
Pour que ton honneur s'irritât?
Fallait-il que je m'éloignasse,
Pour que ta voix me rappelât?
Fallait-il que je te pressasse,
Pour que ton ardeur s'exhalât?
Fallait-il que je te poussasse,
Pour que ta vertu chancelât?

Fallait-il que je t'entretinsse,
Pour que mon espoir se soutînt?
Fallait-il que je me continsse,
Pour que mon pouvoir se maintînt?

Fallait-il que je te convinsse,
Pour que le plaisir me parvînt?
Fallait-il donc que je t'obtinsse,
Pour que ma santé s'en souvînt?

Je n'espère pas en proverbes,
Voir passer un jour mes couplets;
Pourtant croyez bien que ces verbes
Ne sont pas rimés sans *sujets*.....
Pour combler ma douce espérance,
Agréez mes faibles essais;
Accordez-leur votre indulgence,
Recevez-les quoiqu'*imparfaits*....

LE CHARLATAN.

AIR : *Je chantais si bien autrefois.*

C'EST une chose surprenante
Comme nous allons être heureux!
Oui, ma découverte est charmante,
Les effets en sont merveilleux.

Pour que chacun puisse, à sa guise,
Etre maître de son destin,
Il ne lui faudra qu'une prise
De ma poudre à perlinpinpin.

Etes-vous frappés par la foudre,
Et sentez-vous venir la mort,
Vite, respirez de ma poudre,
Et vous marcherez tout d'abord.
Maintenant, qu'on me contredise,
Est-il un savant médecin
Dont tout l'esprit vaille une prise
De ma poudre à perlinpinpin ?

Beautés, à la fleur de votre âge,
Pour conserver tous vos appas,
Ma poudre aura votre suffrage :
Avec elle on ne vieillit pas.
Pourtant, je parle avec franchise,
L'effet n'en peut être certain,
Si je ne pose point la prise
De poudre de perlinpinpin.

Francs buveurs que Bacchus enchante,
Vrais adorateurs du tonneau,

Vous que la soif toujours tourmente,
Du Pont-Neuf jetez-vous dans l'eau ;
Là, pour qu'à son aise on se grise,
Et pour qu'on nage dans le vin,
Il suffit d'avoir une prise
De poudre de perlinpinpin.

Et vous tous, savans à la mode,
Auteurs de plus d'un sot écrit,
Ma poudre vous sera commode ;
Elle procure de l'esprit :
Aussi bientôt ma marchandise
Manquera, car chaque écrivain
A besoin de prendre une prise
De poudre de perlinpinpin.

Ma poudre, dans chaque ménage,
Rendra fidèles les époux ;
Je me réserve l'avantage
De leur en délivrer à tous ;
Mais il faut de la patience :
Car depuis long-temps c'est en vain
Que je fais chercher dans la France
La poudre de perlinpinpin.

BELLE aîné.

LES VENDANGEURS.

AIR : *Si le vin coulait dans la Seine.*

Vendangeons,   (*bis.*)
Fille
Et joyeux drille,
Mineurs
Ou majeurs,
Venez aider les vendangeurs.
Vendangeons,
Que le vin pétille;
Enfin Loyola
Pour le corrompre n'est plus là.

Mal à propos on s'étonne
Que depuis cinq à six ans,
Sur nous, le soleil d'automne
Ait versé tant de présens.

Ce fut pour porter, je pense.
Des millions de santés
A ceux dont l'éloquence
Sauva nos libertés.
  Vendangeons, etc.

Près de ces tonnes chéries,
Que daigna remplir le ciel,
Oublions les crâneries
Des Ferdinand, des Miguel.
Tous ces illustres apôtres
Nous appelleraient en vain :
Laissons le sang aux autres,
Ne versons que du vin.
  Vendangeons, etc.

Justice est faite, et nos vignes
Même celles de rebut,
A des capucins indignes
Ne paîront plus de tribut ;
Et nous saurons faire ensorte
De tout boire aux braves gens
Qui mirent à la porte
Ce tas de fainéans.
  Vendangeons, etc.

Puisqu'on a chassé la horde
Dont le peuple était si las,

Chansons.

Assoupissons la discorde
Sous des monts de chasselas,
Et que la main dépérie
Qui voudrait la réveiller ;
Ne trouve, en ma patrie,
Pas même à grapiller.
    Vendangeons, etc.

Mais nos chants d'allégresse,
Seraient encore bien plus doux,
Si les enfans de la Grèce
Pouvaient chanter avec nous :
Grâce à Dieu, la paix est faite,
Nous pouvons changer d'outil ;
Empoignons la serpette,
Au diable le fusil !
    Vendangeons, etc.

Surtout de peur qu'on nous happe,
Au milieu de nos larcins,
Nous qui mordions à la grappe
Dans la vigne des voisins.
Tôt ou tard l'hymen se venge ;
Ainsi, préférons toujours
La hotte de vendange
Au carquois des amours.

Vendangeons, (bis.)
Fille
Et joyeux drille,
Mineurs
Ou majeurs
Venez aider les vendangeurs.
Vendangeons; (bis.)
Que le vin pétille,
Puisque Loyola
Pour le corrompre n'est plus là.

LE COMMISSAIRE.

Air : *Du solitaire.*

Faisant moins de besogne
Que de bruit en chemin,
La terreur de l'ivrogne,
Et l'effroi du gamin.
Quel est ce dignitaire,
Qui, d'un pas grave et lent,

Chansons.

Va, mesurant la sphère,
De l'arrondissement?
C'est le commissaire,
   Qui sait tout,
   Entend tout,   *ter*.
   Qui voit tout,
   Est partout.

Qui calme les cohues,
Et, grand homme d'Etat,
Fait balayer les rues
Dans les jours d'apparât.
Qui veut que l'on éclaire
Dès que le jour a fui,
Lanterne et réverbère,
Surtout devant chez lui?
   C'est, etc.

L'étalagiste en fraude,
La roulette en plein vent,
Et le fiacre en maraude
L'ont trompé vainement.
Qui loge à sa manière
Les gens sans feu ni lieu,
Et fait mettre en fourrière
Tous les chiens sans aveu?
   C'est, etc.

Chansons.

Il faut qu'on les arrête ;
Ces messieurs, tout de bon,
Se donnent sur la tête
De grands coups de bâton.
Quel ange tutélaire
Vient, tout exprès du ciel,
Suspendre la colère
Du fier polichinel ?
 C'est, etc.

A tous, dans sa demeure,
Donnant un libre accès,
Qui sait, en moins d'une heure,
Terminer un procès ?
Qui reçoit, en bon père,
Et calme, d'un seul mot,
La plainte en adultère,
Et celle de Jeannot ?
 C'est, etc.

A la pièce nouvelle
Qu'on ne peut achever,
Une forte querelle
Vient-elle à s'élever.
Qui sait, par sa colère,
En mettant le holà,

Chansons.

Divertir le parterre,
Qui bâillait jusque-là ?
   C'est, etc.

Sur l'homme que je loue,
J'étendrais mon récit;
Car chez lui, je l'avoue,
Parfois je fus conduit;
J'ai sur son ministère
  Maint détail peu commun;
Mais chut, il faut se taire,
Je redoute quelqu'un :
   C'est le commissaire,
    Qui sait tout,
    Qui voit tout,
    Entend tout,
    Est partout.

           F. DE COURCY.

L'EMPLOYÉ A LA POSTE.

AIR : *Il faut de la santé pour deux.*

Source de bonheur, d'industrie,
La grande poste de Paris,
Au commerce donne la vie,
Aux arts ajoute un nouveau prix ;
C'est de là, de ce centre unique,
Qu'au même instant partent cent voix,
Qui portent à la république
Nos projets, nos modes, nos lois.

Les bureaux offrent l'assemblage
De la vérité, de l'erreur :
Là, près de la leçon d'un sage,
Est le conseil d'un séducteur.
Auprès de l'auteur qu'il déchire
Est le critique rigoureux,
Et l'éloge avec la satire,
A frais communs partent tous deux.

Chansons.

On trouve à la poste restante,
Les lettres de maint créancier,
Plus d'une demande pressante,
De solliciteur, de rentier ;
Les promesses des cœurs parjures,
Vains projets, regrets superflus,
Lettres anonymes, injures,
Sont dans le bureau des rebuts.

Au bureau des lettres chargées,
Sont contrats, billets au porteur,
Lettres rarement négligées,
Que reçoivent peu les auteurs.
Aux lettres franches, est remise
Celle qui ne doit aucun prix :
Ah ! que de franches sans franchise,
Arrivent, partent de Paris !

Du courrier on est dans l'attente,
Pour lui que d'espoir, de souhaits !
Du cœur que l'absence tourmente,
Lui seul vient calmer les regrets.
Loin d'un amant, encore constante,
Lise, qui compte chaque jour,
Voudrait, à la poste trop lente,
Donner les ailes de l'amour.

C'est de la boîte de Pandore
Que l'on voit tous les maux sortir ;
La boîte aux lettres fait éclore
Près de la peine le plaisir.
On voit la gaîté fugitive,
Venir nous visiter par là ;
En poste le chagrin arrive ;
Rarement en poste il s'en va.

GOULARD.

L'EMPLOYÉ.

AIR : *V'là c' que c'est qu' d'aller au bois.*

D'PUIS queuqu' temps, grâce aux amateurs,
Clio n' manqu' pas d'adorateurs.
Sur nos troubles, sur nos victoires,
    Il pleut des mémoires,
    Il pleut des histoires ;
V'là la mienn' que j'ai grossoyé :
C'est l'histoire d'un employé.

Surnumérair' des plus constans,
Vivre d'espoir et d' l'air du temps,
Seul d'un' douzain' fair' tout l'ouvrage,
  Et perdant courage,
  Se dire avec rage :
Pour le roi d' Pruss' j'ai travaillé,
C'est l'histoire d'un employé.

N'osant jamais penser d' son chef,
S' voir à la merci d'un sous-chef
Qui n' sait qu'émarger au registre,
  Et quand le ministre
  Prend son air sinistre,
Par contre-coup êtr' rudoyé,
C'est l'histoire d'un employé.

De l'année attrapper le bout,
Trop heureux d'être encor debout,
En attendant qu'on vous avance,
  Être avec constance
  Dans cette espérance,
Vingt ans de suite fourvoyé,
V'là l'histoire d'un employé.

De tous les vents souffre-douleurs,
En voir de toutes les couleurs,

Et si votr' zèle se déconcerte,
Toujours en alerte,
Avoir en pur' perte,
Pendant vingt-neuf ans louvoyé,
V'là l'histoire d'un employé.

L' z'élections vienn'nt, il faut opter,
J' deviens un' machine à voter ;
On me cajole, on me menace ;
Si j' fais la grimace,
On m' souffle ma place ;
L' collier d' misèr' m'est octroyé,
V'là l'histoire d'un employé.

Bien des gens sur l' corps m'ont passé,
Plus heureux qu' sag's ils ont percé ;
Qu'aux grand's plac's leur géni' parvienne,
Pour moi, non sans peine,
J'ai sauvé la mienne ;
Ils ont rampé, moi j'ai ployé,
C'est l'histoire d'un employé.

Jacinthe LECLÈRE.

Chansons. 183

L'EMPLOYÉ.

AIR: *Des Comédiens.*

Pour dérober à la maligne envie
Les traits menteurs qui forment ses tableaux,
D'un employé je vais tracer la vie,
La vérité guidera mes pinceaux.

A nos bureaux quand l'heure nous appelle,
Pour la journée il faut bien nous lester;
En vain le temps nous presse de son aile
Près d'un repas qu'on aime à déguster.
A déguster...., ce mot doit vous surprendre.
Mais par bonheur nous ne nous bornons plus
A de l'eau pure, au morceau de pain tendre;
Les employés sont devenus ventrus.
D'un pas bien lent à son poste on arrive,
On fait alors semblant de s'essuyer;
Et comme il faut rester sur le qui vive
Pour tromper l'œil on place son papier.

Chansons.

Lorsqu'un journal, en bravant la consigne,
Vient à tomber aux mains des curieux,
On en lit tout, jusqu'à la moindre ligne,
A tour de rôle on y jette les yeux.
Pour se distraire, on ouvre une fenêtre,
Et dans la rue on hasarde un coup d'œil :
L'objet chéri vient alors à paraître,
Pour lui parler vite on franchit le seuil.
Avec la belle on fait une séance,
Tant soit peu longue au plus voisin café ;
Et pour tromper l'active surveillance,
Le chapeau reste au clou qu'il a coiffé.
A petits pas l'on revient au pupitre,
Et l'on essaie alors de travailler ;
Mais à son tour vient un autre chapitre,
Et c'est ici que l'on nous voit briller :
L'on est prié, tantôt pour un baptême ;
Pour un repas, une noce, un convoi,
Ou visiter des parens que l'on aime,
Et l'on a l'air d'obéir malgré soi.
En perspective on aperçoit la table ;
Peut-on alors se planter au bureau,
Et, se privant d'un repas délectable,
Pour un rapport quitter un aloyau ?
Ce bon public, pour lequel on s'empresse,
Doit nous servir contre les envieux ;

Chansons.

On a d'ailleurs beaucoup de politesse,
C'est de la poudre à lui jeter aux yeux ;
Car dans ces jours où la foule circule
A flots pressés dans le sein des bureaux,
Chaque employé, comme un petit Hercule,
Semble ployer sous le faix des travaux.
Mais l'heure sonne ; enfin sur la poussière
Règne la main des garçons de bureaux,
Et seul encor, l'ardent surnuméraire,
S'éloigne à peine à l'aspect des plumeaux.
Enfin le jour qu'appelle notre envie,
Le jour de paie achève le tableau :
Tel est pour nous le cercle de la vie ;
Je l'ai tracé, je brise mon pinceau.

P.-F. CHATAM.

L'EMPLOYÉ.

Air : *La seul' prom'nade qu'a du prix.*

TRAVAILLER peu, gagner beaucoup, (*bis.*)
C'est un état fort de mon goût. (*bis.*)

Mon grand-père était un brave homme,
Il me disait assez souvent :
Mon cher fils, de Paris à Rome,
Il pleut, il grêle, il fait du vent ;
Un badaud parfois s'extasie
Sur nos bois, nos champs, notre lac.
C'est fort beau pour la poésie,
Mais ça n'emplit pas l'estomac.
  Travailler peu, etc.

Dédaignant cette humble sentence
Sur la foi d'un mauvais plaisant,
Mon père adopta l'existence
D'un honnête et simple artisan.

Il eut, dans cet état prospère ,
Nargué le sort des plus grands rois ;
Mais hélas ! mon pauvre cher père ,
Par an se reposait neuf mois.
    Travailler peu, etc.

Préférant l'étude à l'enclume ,
Sur l'écriture on m'exerça ,
Et, quand je sus tenir ma plume ,
Dans la chicane on me lança.
Surchargé d'exploits, de cédules ,
Pour avoir le temps de danser ,
J'avalais les points, les virgules,
Mauvais moyen pour engraisser.
    Travailler peu, etc.

Un jour au bal de la Villette ,
Pinçant gaîment un rigodon ,
Dans le cœur de gente fillette
Je sus éveiller Cupidon.
Près d'un grand seigneur de la ville
La belle avait garde à carreau ;
Et comme ici-bas tout s'enfile ,
Je devins sous-chef de bureau.
    Travailler peu, etc.

Quel état, jugez-en vous-mêmes :
On arrive, on prend un journal,
Puis, tranchant des maîtres suprêmes,
On dit : c'est bien, on dit : c'est mal ;
On **dit** : la ligue est assoupie,
L'âge d'or renaîtra bientôt ;
Quel bonheur ! et puis l'on copie
Le projet d'un nouvel impôt.
  Travailler peu, etc.

Vous qui courtisez la fortune,
Aux honneurs, tristes aspirans,
Tentez Plutus, tentez Neptune,
Soyez des preux, des conquérans.
Pourquoi donc me mettrais-je en nage,
Se fatiguer n'est pas adroit ;
Puisqu'il faut, au bout du voyage,
Arriver tous au même endroit.

Travailler peu, gagner beaucoup, (*bis.*)
C'est un état fort de mon goût. (*bis.*)

      E. D.

LA JOURNÉE D'UN EMPLOYÉ.

Air *de Saphira.*

QUOIQUE payé
Pour qu'il se presse,
L'employé
Choyé
Las de sommeiller,
Pense enfin à s'éveiller.
Fidèle amant,
A sa maîtresse,
D'abord en passant
Il dit un mot de sentiment.
Mais comme il gêne
Sa tendre Hélène
Qu'amour entraîne,
Vers un goût nouveau,
De sa présence
On le dispense,
Et par prudence
Vite on l'envoie au bureau.

Onze heures viennent de sonner,
Il entre, il tremble en voyant son ouvrage ;
Mais avant tout il faut déjeûner,
Quand on a faim on n'a pas de courage,
Il déjeûne, et comme à demi
Notre employé ne veut rien faire,
Il soigne si bien son affaire,
     Qu'il a fini
     Juste à midi.
     Il tourne autour
     De la *Gazette*,
    Il a payé pour
    Savoir à son tour
  Les événemens du jour.
     Dans son ardeur
     Vite il se jette
     Sur le *Moniteur*,
    Et lit sans frayeur
Jusques au nom de l'imprimeur.
     Pendant qu'il tance
     Chaque puissance,
     Le tèmps s'avance ;
    Une heure à bailler
     Il se consume,
     Puis c'est sa plume
    Qu'il faut retailler.

Puis enfin,
Se mettant en train,
Au travail tout de bon il rêve ;
Du dossier
Qu'il va déplier,
On le voit s'occuper sans trêve ;
Et déjà
Comme sa main va
Etre d'accord avec sa tête,
Tout-à-coup il s'arrête,
Car
Il est quatre heures moins un quart :
Laissant
En blanc
Quoiqu'il arrive,
L'ouvrage pressé
Par lui commencé.
Quand il est brossé,
Pincé,
D'un saut
Bientôt,
Crac, il s'esquive,
Et notre homme enfin,
Reprendra son train
Le lendemain.
Matin. MENISSIER.

LE COMMIS VOYAGEUR.

Air : *L'Etabli, reste garçon.*

Toujours d'une joyeuse humeur,
Braver et le vent et l'averse,
Mener de front le plaisir et l' commerce,
Voilà le commis (*bis*) le commis voyageur.

Dans chaque auberge on me renomme,
Grâce à mes discours séduisans ;
Dans le commerce on me surnomme
Le Nestor des commis marchands.
   Marchand de vin nomade,
   Je crains peu les bouillons ;
   Je mets là, camarade,
   Tous mes échantillons.
     Toujours, etc.

Par une analyse savante,
De mon palais, le toit dégustateur,

De la liqueur ou calme ou pétillante,
Sait apprécier la valeur ;
 Heureux qui de la science
 Prend le goût en lisant ;
 Mais plus heureux, je pense,
 Qui s'instruit en buvant.

Toujours d'une joyeuse humeur,
 Braver et le vent et l'averse,
Mener de front le plaisir et l' commerce,
Voilà (*bis*) le commis voyageur.
Voilà le commis (*bis*) le commis voyageur.

Maurice ALHOY et **.

LE SAVANT.

Air *du Cantique de Judith*.

Idole d'un nombre de sots,
Perte de temps, vaine science,
Magasin de faits et de mots,
Qu'un autre que moi vous encense ;
Le vin, l'amour et les chansons,
Qu'est-il besoin d'autres leçons ?

La fable a voulu faire voir,
En nous peignant Daphné rebelle,
Qu'un étalage de savoir
Ennuya toujours un belle.
  Le vin, l'amour, etc.

Soixante siècles écoulés
D'un savant occupent la tête ;
Il parle, si vous le voulez,
Mais vous n'entendez qu'une bête.
  Le vin, l'amour, etc.

Loin de nous, ennuyeux pédans,
Qui ne jasez que politique ;
Apprenez à jouir du temps,
Au lieu d'en faire la critique.
  Le vin, l'amour, etc.

Je chante, je ris et je boi
Du vin que verse mon Hélène ;
Voilà mon savoir, mon emploi,
Le reste coûte trop de peine.

Le vin, l'amour et les chansons,
Qu'est-il besoin d'autres leçons ?

Chansons.

LE MARCHAND DE PLUMES.

Air *du Major Palmer*.

Scribes dont Paris fourmille,
Daignez m'écouter un peu :
Visitez ma pacotille,
Vos canifs auront beau jeu.

Accourez, riche canaille;
Anciens gueux, nouveaux rentiers,
Je vends la plume de caille
A tous les banqueroutiers.

Seigneurs, dont la renommée
Vient nous briser le tympan,
Ma boutique est bien famée :
Je tiens la plume de paon.

Venez, Arlequin, Cassandre,
Polichinelle, Jeannot,

Approchez, je dois vous vendre,
J'ai des plumes de pierrot.

Petits courtisans du Pinde,
Des muses froids nourrissons,
Prenez la plume de dinde
Pour écrire vos chansons.

Dans le beau siècle où nous sommes,
J'offre l'aigle à maint savant,
C'est la plume des grands hommes;
Mais je n'en vends pas souvent.

Député dont l'éloquence
Me paraît un talisman,
Par moi, reçois de la France
La plume du pélican.

Vieux guerriers qui, de vos armes,
Avez su former un soc,
Pour retracer nos alarmes
Prenez la plume de coq.

Pour vous, qui faites la roue
Sous le balcon d'un richard,
Qui vous traînez dans la boue,
J'ai des plumes de canard.

Devant l'autel d'hyménée,
Vous qui ployez le genou,
Je puis vous vendre à l'année
Maintes plumes de coucou.

J'ai des plumes d'hirondelle
Pour l'exilé malheureux;
Des plumes de tourterelle
Pour les couples amoureux.

Je vends des plumes de pic
A nos censeurs indiscrets,
Et des plumes de harpie
Dans les bureaux du Palais.

Venez donc, brave milice!
Ecumeurs de carrefour,
Vrais limiers de la police,
J'ai des plumes de vautour.

Vous qui, d'un souverain maître,
Imitez jusqu'au hoquet,
Courtisans, pour vous doit être
La plume de perroquet.

Dans mon état je déploie
Un talent vraiment parfait;
Enfin, j'ai la plume d'oie.....
Chacun sera satisfait.

LE MARCHAND DE VIN.

AIR : *Présent! présent.*

LAISSEZ-MOI boire en liberté;
Je vous brave
Au fond de ma cave;
Je me ris de l'adversité,
Lorsque je bois en liberté.

Graves enfans de Melpomène,
Le dieu du Pinde vous sourit,
Allez déguster l'Hypocrène,
Moi, je me passe bien d'esprit.
 Laissez-moi, etc.

Chansons.

Fillettes, je vous rends les armes
Quand le plaisir me tend la main ;
Je veux bien adorer vos charmes,
Mais ne me parlez pas d'hymen.
 Laissez-moi, etc.

Fameux disciples d'Esculape,
Ne craignez donc rien pour mes jours :
Mieux que vous le jus d'une grappe
En éternisera le cours.
 Laissez-moi, etc.

Petits héros de l'Angleterre,
Nos bras sont loin d'être perclus ;
Mais ne rallumez plus la guerre,
Nous vous avons assez battus.
 Laissez-moi, etc.

Sous l'étendard du fanatisme,
Peuples, vous pouvez tous marcher ;
Combattez, frappez l'athéisme,
Mais ne venez pas me chercher.
 Laissez-moi, etc.

Grands rois, le poids de vos couronnes
N'est jamais venu m'accabler,

Et cependant comme les trônes
Souvent on m'a vu chanceler.
.Laissez-moi, etc.

Et vous dont la sotte puissance
Gouverne le fier Musulman,
Dans les beaux climats de la France
N'apportez jamais l'Alcoran.

Laissez-moi boire en liberté,
Je vous brave
Au fond de ma cave;
Je me ris de l'adversité
Lorsque je bois en liberté.

LA CRÉMIÈRE.

AIR : *Il pleut, bergère.*

JEUNE et belle crémière
Qui, chez nous, chaque jour,
Réveillez la première
L'appétit et l'amour,

Chansons.

Que ce qu'on voit paraître
Si blanc, si rondelet,
Fait bien désirer d'être
Au régime du lait.

Si le céleste groupe
Quelque jour renonçait
A ce qu'à pleine coupe
On verse, à son banquet,
Du nectar, d'Hébé même,
S'il se lassait jamais,
Ce serait pour la crème
Que tu leur servirais.

Mais non, crois-moi, préfère
Séjourner ici-bas ;
Là-haut, qu'irais-tu faire,
Les dieux sont tous ingrats ?
Chez nous, toujours fêtée,
Nourris plutôt l'amour
De la crème fouettée
Dont tu naquis un jour.

Qu'aisément on augure
Que de ton cher époux,

Pour cette nourriture,
Nous partageons les goûts?
Mais, souhait inutile !
Car ton époux aurait,
A la cour, à la ville.
Trop de frères de lait.

DAMAS.

LE TONNELIER.

AIR *connu*.

Courage, frappons,
Du cœur à l'ouvrage,
Pour ce doux breuvage
Formons des prisons ;
Formons, formons, formons des prisons.

Je suis un tonnelier habile,
De Bacchus ardent officier ;
Je sers la campagne et la ville,
Et je suis fier de mon métier.

Chansons.

Sous mes doigts la douve élastique,
Cédant aux efforts du cerceau,
Forme le contour du tonneau
Qui reçoit la liqueur bachique.
  Courage, frappons, etc.

On fait grand bruit dans ma boutique
Quand de Bacchus vient la saison ;
C'est une agréable musique
Pour l'oreille d'un vigneron.
A travailler chacun s'empresse,
Tandis que le bruit des marteaux
Retentit sur tous les coteaux,
Et s'unit aux chants d'allégresse.
  Courage, frappons, etc.

Quand il eut sa vendange faite,
Noé tâta du vin nouveau,
Puis il fit faire une bossette,
Comme il avait fait un vaisseau.
Le patriarche, avec adresse,
Serra ce jus délicieux ;
Il devina que le vin vieux
Réchaufferait mieux sa vieillesse.
  Courage; frappons, etc.

Petits auteurs, chantez merveille
Dans vos sonnets, vos madrigaux ;
Je mets plus d'esprit en bouteille
Que vous dans vos in-folios.
Combien ce charmant jus d'automne
Va nous inspirer par ses feux ;
Que de mots, de couplets joyeux,
Vont jaillir du fond de la tonne.
    Courage, frappons, etc.

Si quelque tympan trop sensible
De mon fracas est affecté,
Bien d'autres font un bruit terrible
Avec bien moins d'utilité.
Dans ses barbares exercices,
Le guerrier fait tonner l'airain,
Il désole le genre humain :
Mes travaux en font les délices.
    Courage, frappons, etc.

Avec la vive Fanchonnette
Je travaille soir et matin,
En fredonnant la chansonnette,
Elle tient mon rabot en main.
A mes côtés elle s'exerce,
Toujours empressée à m'aider,

Et la première à demander
Que l'on mette la pièce en perce.

 Courage, frappons ;
 Du cœur à l'ouvrage,
 Pour ce doux breuvage
 Formons des prisons.
Formons, formons, formons des prisons.

L'ESCAMOTEUR.

Air : *Toc, toc, quel joli choc.*

Oui, oui, sots et docteurs,
 Pour apanage,
Ont pris l'escamotage ;
Oui, oui, tous les honneurs,
 Tous les bonheurs
Sont aux escamoteurs.

Le temps aux jocrisses
Promet des délices,

Des biens, des palais
Qu'on ne voit jamais.
Le vieillard tenace,
Nous suit, nous enlace,
Pour nous pelotter,
Nous escamoter.
 Oui, etc.

Offrant l'abondance
La fortune lance
Sa roue à nos jeux ;
Mettons nos enjeux ;
Mais sans dire gare
Elle s'en empare,
Notre numéro
N'est plus qu'un zéro.
 Oui, etc.

Ventrus qu'on engraisse
Et qu'on mène en laisse,
Gazetiers menteurs,
Souples électeurs,
Janus politiques,
Baiseurs de reliques,
Qu'êtes-vous, messieurs ?
Des escamoteurs.
 Oui, etc.

Chansons.

Couche conjugale,
Quand l'hymen s'installe,
Les amours vainqueurs
Te couvrent de fleurs;
L'hymen qui ragote,
Vous les escamote,
Le myrte bientôt
Fait place au pavot.
   Oui, etc.

Plus durs que des bronzes,
D'hypocrites bonzes,
Aux peuples, aux rois
Prescrivent des lois;
La raison proteste
Son pouvoir céleste
Saura les mater,
Les escamoter.
   Oui, etc.

Brevet et patente,
Fauteuil aux quarante,
Place de préfet,
Sommes au budget,
Titres, ambassades,
Comme des muscades

S'enlèvent gaîment
En escamotant.

Oui, oui, sots et docteurs,
  Pour apanage,
Ont pris l'escamotage,
Oui, oui, tous les honneurs,
  Tous les bonheurs
Sont aux escamoteurs.

DUSAULCHOY.

LA MARCHANDE DE RUBANS.

AIR : *Il est un Dieu pour les auteurs.*

Je suis marchande de rubans,
Et j'en vends de toute nuance :
J'en ai des verts, j'en ai des blancs,
Pour l'espérance et l'innocence.
Tous les goûts, tous les sentimens,
Dans mes rubans ont leur emblême ;
J'ai la couleur que chacun aime,
Venez acheter mes rubans.

Chansons.

A vous, maris peu complaisans,
Qui faites haïr vos personnes,
Maris qui n'êtes plus galans,
Je dois offrir des rubans jaunes.
Mais vous, fidèles amoureux,
Dont le cœur est plein de tendresse,
Et qui jurez d'aimer sans cesse,
Achetez-moi des rubans bleus.

Pour vous, avides héritiers,
Dont le deuil est une parure,
Robins, médecins, créanciers,
Tous oiseaux de mauvais augure,
Veuves qui riez au boudoir,
Mais dont la douleur est publique,
Approchez-vous de ma boutique,
Je vends aussi du ruban noir.

Illustres favoris de Mars,
Qu'enivre l'amour de la gloire,
Et qui, bravant tous les hasards,
Montez le char de la victoire.
Vous qui brillez par les talens,
Enfans d'Apollon, de Minerve,
La couleur que je vous réserve
C'est le rouge pour vos rubans.

A. ALLARD.

LA MARCHANDE DE PLAISIRS.

Air : *L'amitié vive et pure.*

Je porte en ma corbeille
Des plaisirs et des croquets ;
J'ai la bouche vermeille,
Et d'autres appas secrets.
Messieurs, craignant peu vos blâmes,
Je laisse prendre et choisir :
Voilà le plaisir des dames,
Voilà, voilà le plaisir.

Si mon sein ne s'engage
Qu'à moitié sous mon mouchoir,
Un bouquet frais ombrage
Ce que l'on pourrait en voir.
Par ce moyen, dans les âmes,
Faire naître le désir ;
  Voilà, etc.

Chansons.

L'amant que j'ai su prendre
Est plus fringant qu'un mari,
A qui j'ai fait comprendre
Que mes enfans sont de lui.
C'est dans ce cas que les femmes
Aux maris doivent mentir :

Voilà le plaisir des dames,
Voilà, voilà le plaisir.

COQUART.

LE SECRÉTAIRE.

Air : *Bouton de rose.*

Sans secrétaire,
L'homme le plus riche n'est rien ;
C'est un meuble si nécessaire,
Que je ne voudrais pour tout bien
Qu'un secrétaire.

Chansons.

Au secrétaire,
Les arts donnent un prix nouveau,
Et les chefs-d'œuvre de Voltaire
N'ont-ils pas eu tous pour bureau,
Un secrétaire.

Pour secrétaire,
La poésie a pris Boileau ;
La gaîté préféra Molière ;
La nature a choisi Rousseau,
Pour secrétaire.

D'un secrétaire,
Tout homme en place fait grand cas,
Et tel qu'on croit propre à tout faire,
Ne ferait rien s'il n'avait pas
Un secrétaire.

Un secrétaire,
Dans un ménage est d'un grand prix ;
Et les femmes pour l'ordinaire
Voudraient voir à tous leurs maris,
Un secrétaire.

Le secrétaire
Sert à Plutus comme à l'Amour :

Heureux ceux dont, avec mystère,
Ces dieux garnissent tour-à-tour
   Le secrétaire.

Mme. PERRIER.

LA FILEUSE.

AIR *de la Pipe de tabac*.

UNE quenouille, au temps d'Homère,
Des reines ornait le tableau :
Berthe, à nos chevaliers si chère,
Au sceptre unissait le fuseau.
Mais la quenouille pour nos belles
Cesse d'être un meuble du jour,
Et l'on ne file plus chez elles,
Pas même le parfait amour.

D'Omphale l'histoire est connue :
Elle filait ; Hercule aima ;
Du héros même la massue
En quenouille se transforma.

D'un plus beau feu bientôt il brûle :
De hauts faits vont le signaler.....
Mais tel fat se croit un Hercule,
Qui de lui n'apprit qu'à filer.

La sainte que Paris révère
Filait en gardant ses brebis.
Allez prendre exemple à Nanterre,
Filles qui cherchez des maris.
Mieux que la fleur la plus jolie,
Une quenouille orne un beau sein.
L'innocence file la vie
De celle qui fila son lin.

Oui, j'aime ces fraîches bergères
Que je vois filer dans les champs ;
Mais je hais ces trois filandières
Qui règlent le cours de nos ans.
Qu'au moins chaque jour ma quenouille
Se pare de rubans nouveaux,
Et que son fil toujours se mouille
Ou de Champagne ou de Bordeaux.

PHILIPPON DE LA MADELAINE.

LES POMPIERS.

AIR : *Ce magistrat irréprochable.*

Amis, des mets de cette table
Sapons jusques aux fondemens,
Et des flots d'un vin délectable
Arrosons leurs débris fumans.   (*bis.*)
Mais si du punch le feu propice
Vient braver nos efforts guerriers,
Que sa flamme tremble et pâlisse
A l'aspect des sapeurs-pompiers. (*bis.*)

Avoir pour idole chérie
Le vin, les belles, la gaîté ;
Aimer son prince et sa patrie
Et secourir l'humanité,
Unir au zèle, à la franchise,
Le courage des vieux troupiers,
Mes amis, voilà la devise,
Le portrait des sapeurs-pompiers.

Bonne amitié, daigne sourire
A nos plaisirs, à nos refrains ;
Mêle ton aimable délire
A celui du dieu des raisins,
Pour voler au secours d'un frère
Ou pour boire en vrais templiers,
Que toujours ta maiu tutélaire
Unisse les sapeurs-pompiers.

CAMILLE.

LES FORGERONS.

AIR : *Voici nos bouquets déjà prêts.*

TANT que nous serons
 Forgerons,
Le jour nous boirons
Et nous chanterons ;
Tant que nous serons
 Forgerons,
La nuit nous rirons
Et nous aimerons.

Vulcain, en quittant son usine,
Dit à Vénus : Suis mes travaux.
Elle qui se connaît en mine,
Prit Mars pour chauffer ses fourneaux.
    Tant que, etc.

Coulant une fonte amoureuse,
Mars et Vénus furent surpris :
Vulcain ne trouva qu'une gueuse
Au lieu de la belle Cypris.
    Tant que, etc.

Pour ce dieu quelle peine extrême !
Chez Vulcain et chez les amours ;
Amis, il faut couler soi-même
Afin de couler d'heureux jours.
    Tant que, etc.

Que jamais le fourneau n'arrête,
Qu'on travaille soir et matin ;
Que la table soit toujours prête,
Pour couler la fonte et le vin.
    Tant que, etc.

D'un avare fuyons la trace.
Traitons nos amis chaque jour.

Soyons ennemis de la crasse
Comme du faste de la cour.
  Tant que, etc.

Si nous vivons en Sybarites ;
Dieu Mars, nous coulons tes boulets ;
Comus, nous fondons tes marmites ;
Cupidon, nous forgeons tes traits.

  Tant que nous serons
   Forgerons,
  Le jour nous boirons
  Et nous chanterons.
  Tant que nous serons
   Forgerons,
  La nuit nous rirons
  Et nous aimerons.

FRANCIS.

LE MARCHAND D'ALMANACHS.

Air : *Faut d'la vertu,* etc.

Accourez, gens de tous états,
Prenez, prenez, d'mes almanachs,
Voilà, voilà des almanachs
Pour les gens de tous les états.

Je suis le cadet d'la famille,
De c'Mathieux-Lansberg si fameux,
Et je possède la béquille
Du défunt le diable boiteux.
  Accourez, etc.

Avec l'aide de ma lunette
Je lis couramment dans les cieux
Comme j'lirais dans un' gazette,
Et peut-être même un peu mieux,
  Accourez, etc.

Chansons.

A la cour, auprès du monarque,
Vous verrez chez maint courtisan,
Qui de l'honneur port'ra les marques,
Moins d'honneur que chez l'artisan.
   Accourez, etc.

Si votre table est bien couverte,
Le parasite arrivera;
S'il trouve sa prison ouverte,
Le prisonnier s'échappera.
   Accourez, etc.

S'il meurt plus d'une bête à corne,
Dans le bélier, dans le taureau,
On verra dans le capricorne
Briller plus d'un astre nouveau.
   Accourez, etc.

Je vois, au bout d'mon télescope,
Que si la guerre, après la paix,
Vient à s'allumer en Europe,
C'est les peuples qui paieront les frais.
   Accourez, etc.

Je vois, ainsi qu'à l'ordinaire,
Les abus régner en tous lieux,

Et ces abus fournir matière
A des couplets malicieux.

Accourez, gens de tous états,
Prenez, prenez d'mes almanachs;
Voilà, voilà des almanachs
Pour les gens de tous les états.

LE MARCHAND DE CHANSONS.

AIR: *Venez dans mon parterre.*

Je le proclame sans mystère,
Venez fillettes et garçons;
Je suis un marchand de chansons
Et j'en ai qui sauront vous plaire.
Visitez mon assortiment,
Et comme ici la foule abonde,
Pour contenter mieux le chaland,
J'ai des chansons pour tout le monde.

J'ai des chansons pour tous les âges
Et des airs pour tous les états;
Des airs guerriers pour les soldats,
Des airs simples pour les villages.
Air de fierté pour l'opulent,
Air léger pour les petits-maîtres,
Air amoureux pour un amant,
Pour les bergers des airs champêtres.

Je vends à la femme coquette
Chanson frivole qui séduit;
Mais à la prude qui rougit,
Je donne chanson plus discrète.
J'ai pour la femme à sentimens
La romance tendre et plaintive;
J'offre aussi des airs innocens,
A la beauté simple et naïve.

Je vends au troubadour aimable
Chanson pour enflammer les cœurs.
Je réserve pour les buveurs
La joyeuse chanson de table.
J'ai pour la femme à goûts changeans
Des chansons légères comme elle,
Mais pour les cœurs tendres, constans,
Je cherche une chanson nouvelle.

GAUSSINEL.

LE MARCHAND DE FAGOTS.

AIR : *Le premier pas.*

FAGOTS, fagots !
J'en fournis à la ronde
Aux indiscrets, aux malins, aux cagots ;
J'en distribue à la brune, à la blonde,
Et mes fagots plaisent à tout le monde,
Fagots, fagots !

Fagots, fagots !
On croit que ma voisine
A de l'esprit, brille par ses bons mots.
Plus d'un galant dit que cette lutine
Est ravissante, adorable, divine.
Fagots fagots !

Fagots, fagots !
Maudite tolérance,
Plus de censure et plus de grands-prévôts ;

De vivre en paix on a donc l'espérance;
Tout est perdu, plus de plaisir en France,
    Fagots, fagots!

    Fagots, fagots!
      De la nouvelle école
Un jeune abbé veut chasser nos marmots,
Mais dans ce cas, mon fils a la parole,
J'entends déjà crier le petit drôle
    Fagots, fagots!

    Fagots, fagots!
      C.... lit son bréviaire
Et ce savant veut éclairer les sots;
On dit qu'un jour, et du haut de sa chaire,
Il s'écria: Chrétiens, lisez Voltaire.
    Fagots, fagots!

    Fagots, fagots!
      Vous connaissez ce comte
Qui chaque jour découvre des complots;
Pour les prouver en vain il se démonte;
Rassurons-nous, amis, ce n'est qu'un conte,
    Fagots, fagots!

    Fagots, fagots!
      Dans une nuit obscure,
Depuis long-temps on marchait sans falots.

Et nos bidets, sans craindre l'encolure,
Nous dirigeaient droit à la préfecture.
  Fagots, fagots !

  Fagots, fagots !
 Une route moins dure,
De ma charette adoucit les cahots,
Tout est au mieux, du moins on nous l'assure,
Chacun, dit-on, range un peu sa voiture.
  Fagots, fagots !

  Fagots, fagots !
 Beaucoup de gens supposent
Nos vétérans impotens et manchots
Et l'on prétend que les corps qu'ils composent
A des dangers, des malheurs nous exposent.
  Fagots, fagots !

LE MARCHAND DE MELONS.

Air : *Des gueux.*

MELONS, melons !
J'vends d'excellens m'lons,
Allons
Spéculons,
Ach'tez des m'lons.

A peine arrivé d'mon village
Qu'la misèr' près d'moi vint s'asseoir,
Pour la chasser d'mon voisinage
J'criais du matin jusqu'au soir:
Melons, melons ! etc.

Chacun se disait à la ronde
Que jamais je n'lavais mis d'dans,
J'avais la confiance d'tout l'monde
Et j'marmottais entre mes dents.
Melons, melons ! etc.

Chansons.

En conduisant mon p'tit commerce
J'voyais queuqu's gros sous m'arriver.
Et comm' souvent l'espoir nous berce
J'croyais pouvoir les conserver.
    Melons, melons ! etc.

J'rencontre un jour certain' brunette,
J'admirais son joli maintien,
Ell'm'entraîna dans sa chambrette
En disant qu'elle se portait bien.....
    Melons, melons ! etc.

Huit jours après l'instant prospère
Marqué par la perte d'mon cœur,
J'criais plus fort qu'à l'ordinaire
En éprouvant certain' douleur :
    Melons, melons ! etc.

Un honnête homme fut ma ressource,
Il m'a guéri sans intérêt ;
Il a su m'emprunter ma bourse,
Mais il a dit qu'y m'la rendrait.
    Melons, melons !

Quand j'eus besoin, comme on l'préjuge
Y m'dit bonnement que j'l'...
Je l'fis paraître devant un juge,
Et j'fus forcé d'payer les frais.
    Melons, melons ! etc.

Queuqu'fois dans la cour des ministres
J'vais sitôt qu'on dresse l'couvert
Et sans craindr' d'être rayé d'leux régistres
J'dis bien souvent à cœur ouvert.
    Melons, melons! etc.

Pour siéger à l'Académie,
Vous qu'on n'est pas allé chercher,
Monsieu l'duc *de*, je vous en prie,
Daignez un peu vous approcher.
    Melons, melons! etc.

Fameux députés sans malices
Qu'on a placés d'certain côté,
J'vous offre aussi mes p'tits services
Quoique pour vous j'n'ai jamais voté,

    Melons, melons!
  J'vends d'excellens m'lons,
      Allons
     Spéculons,
Ach'tez des m'lons.

LE MARCHAND DE PAILLE.

AIR *connu.*

Sur tout on a fait des chansons :
On a chanté le vin, les belles,
L'eau, le feu, les fleurs, les moissons,
Les brebis et les tourterelles.
Un auteur dont je suis bien loin
En a fait sur l'huître et l'écaille ;
Un autre en a fait sur le foin,
Je vais m'étendre sur la paille.

La paille couvre l'humble toit
Du laboureur, modeste asile,
Un lit de paille aussi reçoit,
Son corps fatigué, mais tranquille.
Le riche, au sein de son palais,
Sur le duvet s'ennuie et bâille ;
Peine et soucis sont sous le dais,
Quand le bonheur est sur la paille.

La paille, tressée en réseaux,
Du soleil garantit nos belles ;
Grâce à leurs énormes chapeaux
Elles n'ont plus besoin d'ombrelles.
Mais ils voilent trop leurs appas,
Et Zéphir leur livre bataille:
Il a raison, l'on ne doit pas
Cacher les roses sous la paille.

Jadis, respectant ses sermens,
L'amant, fidèle à sa maîtresse,
Pour elle encore, après trente ans,
Brûlait d'une égale tendresse.
Hélas! on n'aime plus qu'un jour,
De la constance l'on se raille,
Et maintenant les feux d'amour
Ne sont plus que des feux de paille.

Mais je n'aurais jamais fini
Si, dans l'ardeur qui me travaille,
J'entreprenais de dire ici
Tout ce qui se fait sur la paille.
Lecteur, déjà je meurs d'effroi
Que ta rigueur ne me chamaille,
Sois indulgent, car, avec toi,
Je ne veux pas rompre la paille.

LE MARCHAND DE PIGEONS.

Air : *Je ne veux la mort de personne.*

Qu'ils sont aimables, ces oiseaux
Si renommés pour leur constance !
Brûlant toujours de feux nouveaux,
Leur cœur est rempli d'innocence.
L'amour se plut à les former ;
Mais, par un destin bien étrange,
L'un veut qu'ils vivent pour s'aimer ;
Et l'autre pour vivre les mange.

En vain, parmi leurs défenseurs,
Il existe un savant aimable,
Un peuple affamé de chasseurs
Leur fait une guerre implacable.
Leur amitié, pure et sans art
Attendrirait un cœur de roche.
Vénus les attèle à son char,
Et Comus les met à la broche.

J'en ai vu deux que Céladon
Sans doute aurait pris pour modèle,
Le destin leur avait fait don
D'une âme brûlante et fidèle.
Le couple un matin s'égara,
Et chez un traiteur que je note,
Le soir un gourmet rencontra
Mes deux amoureux en compote.

Pour porter son billet d'amour
Lise en avait un plein d'adresse ;
Mais son jaloux surprit un jour
Ce beau messager de tendresse,
Et, pour étouffer le secret.
Hélas ! d'une main assassine,
Il mit en poche le billet,
Et le porteur en crapaudine.

Quel est celui que l'amateur
Doit apprécier davantage :
Est-ce le pigeon voyageur,
Ou celui qu'Agnès tient en cage ?
En choisissant le bel oiseau,
Agnès n'a pas dû s'y méprendre :
Je crois qu'à table le plus beau
Doit passer après le plus tendre.

En un mot, ces êtres charmàns,
Que Vénus caresse et protége,
Près des amans et des gourmands,
Ont un aimable privilége.
Concluons, nous qui les mangeons,
Que, malgré leur tendre délire,
Les amoureux et les pigeons
Se laissent plumer sans rien dire.

ANTIGNAC.

LE TAMBOUR.

Air *d'une charge.*

J'AI passé mes premiers instans
Au sein des camps et du carnage,
Fils d'un soldat qui, dans nos rangs,
Fit preuve d'un mâle courage,
Petit luron, me disait-il souvent,
Le sort t'appelle à faire du tapage.

Pour ton pays, mon fils, avance en âge,
Sois toujours gai, bois et marche en avant,
    Tambour battant,   (*bis.*)
A la tête du régiment.

Le bruit terrible du canon
N'altéra jamais mon visage,
A la tête du bataillon,
J'étais calme au sein de l'orage.
Au moindre bruit, aussitôt me levant,
Bravant le froid, la faim et la souffrance,
A l'ennemi, malgré mon abstinence,
Comme un démon je marchais en avant,
    Tambour, etc.

Généreux après les combats,
Aux blessés je rendais hommage;
Aux blessés je tendais les bras,
Mon prêt devenait leur partage.
En vrai tapin, filant le sentiment,
Quand d'un tendron je guettais l'innocence,
Faisant valoir certain droit d'insolence,
Baguette en main je marchais en avant,
    Tambour, etc.

Un bras, blessé par les frimas,
M'a forcé de plier bagage.

Je battais des *flas* pour des *rras*;
Je retournai dans mon village.
Vieux aujourd'hui, mais toujours bon vivant,
S'il le fallait, bravant un sort funeste,
On me verrait, du seul bras qui me reste,
Battre la charge et marcher en avant,
Tambour battant,
A la tête du régiment.

Edouard DONVÉ.

LE TAMBOUR.

AIR : *Trois jolis tambours.*

Je suis tambour,
Ma naissance est notoire :
J'ai vu le jour
Sur un champ de victoire,
Rlan,
Rlan, rlan, rlantanplan,
Et voilà mon histoire.

Chansons.

J'ai pour patron
Un neveu de Grégoire,
Pour nom : Léon,
Pour surnom : prêt à boire :
  Rlan, etc.

Servant parfois
De plume et d'écritoire,
Ma caisse aux rois
Annonçait leur déboire :
  Rlan, etc.

A Friedland,
Sans trop m'en faire accroire,
Maint conquérant
M'a dû sa part de gloire :
  Rlan, etc.

Maint estropié
M'a pris, on peut m'en croire,
Pour marche-pied
Du temple de mémoire :
  Rlan, etc.

Par coup sur coup,
Malgré son humeur noire,

Chansons.

Jusqu'à Moscou,
J'ai poussé la victoire :
 Rlan, etc.

Tout fut perdu,
Mais au jour de déboire,
N'ai point vendu
Ni mon bras ni ma gloire :
 Rlan, etc.

J'ai modéré
Mes maux en sachant boire,
Mais j'ai pleuré
Sur les bords de la Loire :
 Rlan, etc.

Mars nous a fui,
Mais sur un sein d'ivoire,
Pendant la nuit
Je rêve encor la gloire :
 Rlan, etc.

J'espère un jour
Traverser l'onde noire,
Sur mon tambour,

Plein comme un S.-Ciboire:
 Rlan,
 Rlan, rlan, rlantanplan,
Et voilà mon histoire.

LE SOUFFLEUR.

AIR : *Plantez-moi des vignes.*

Sur un théâtre un vendredi,
 Loin de la capitale,
Un jour ma mère me pondit
 En jouant la Vestale ;
  A l'instant l' souffleur
  M' pressant sur son cœur,
 M' dit ces parol's touchantes :
  Sans écornifler,
  A force d' souffler,
 Tâche' de souffler des rentes.

Des petits cabots ambulans
 Augmentant les phalanges,

Chansons.

Je débutai par souffler dans
    Les greniers et les granges ;
        Mais un jour papa
        M' dit : A c' métier-là
    Tu n'attrapp'ras qu' des lentes :
        Sans écornifler, etc.

Aux ordres d'un curé grivois
    Ayant mis ma personne,
Je lui soufflai tout à la fois
    Et sa messe et sa bonne.
        Puisque maint prélat
        Dut l'épiscopat
    Aux bontés des servantes :
        Sans écornifler, etc.

Ayant, certain jour de micmac,
    Dans les yeux du saint père,
Soufflé deux onces de tabac,
    J' filai du presbytère ;
        Puis j' devins souffleur
        Chez un cabaleur
    Des chambres constituantes :
        Sans écornifler, etc.

Ayant, à nos bons citoyens,
    Soufflé l' parti fort sage

D' s'amuser à vendre les biens
   D' ceux qu'étaient en voyage ;
   Ce p'tit soufflement
   M' valut tout bêt'ment
   Ma p'tit' part dans les ventes :
   Sans écornifler, etc.

Plus tard, grâce au tempérament
   D'un' princesse nouvelle,
Ayant soufflé, je n' sais comment,
   Son cœur et sa chandelle,
   Pour prix d' mon encens
   J'obtins deux rubans
   Plus foncés qu'amaranthes :
   Sans écornifler,

J'ai soufflé pour chaqu' potentat
   Que la France a vu r'luire,
J'ai soufflé pour le consulat,
   J'ai soufflé pour l'empire ;
   J'ai, dans les cent jours,
   Soufflé les discours
   D'un échappé d'Otrantes :
   Sans écornifler, etc.

Ayant des châteaux, des écus ;
   Qu'un beau titre accompagne,

Aujourd'hui je ne souffle plus
    Que Bordeaux ou Champagne ;
      Mais j' dis à mon fieu :
      Imit'-moi, morbleu !
    Et près de nos régentes,
      Sans écornifler,
      A force d' souffler
    Tâch' de souffler des rentes.

LE GRAVEUR.

Air : *Turlurette.*

Graveur, laisse tes cachets
Et sur mille autres objets
Viens-t'en graver en cachette
        Turlurette (*bis*)
    Ta fortune est faite.

Viens, habile et franc graveur,
Graver un peu de pudeur
Au front de chaque fillette,
        Turlurette,
    Ta fortune est faite.

Que ton burin délicat
Grave au cœur de chaque ingrat
Reconnaissance parfaite,
    Turlurette,
Ta fortune est faite.

Grave avec un trait profond
Dans la tête d'un gascon
Le souvenir de sa dette,
    Turlurette,
Ta fortune est faite.

Grave bonheur sur la main
D'un apprenti médecin,
Adresse sur sa lancette,
    Turlurette,
Ta fortune est faite.

Grave avec dextérité
Politesse et vérité
Au bas de chaque gazette,
    Turlurette,
Ta fortune est faite.

Quand Charlot bâille en Wiski;
Dans sa mémoir' grave lui

Chansons.

L'plaisir qu'il eut en cachette,
>Turlurette,
Ta fortune est faite.

Sur les autels de Plutus
Grave-nous que les écus
N'enrichiront plus de bête,
>Turlurette,
Ta fortune est faite.

Enfin jusqu'au près des grands
Va graver que les talens
Vont parvenir sans courbette,
>Turlurette,
Ta fortune est faite.

ROUGEMONT.

LE TAILLEUR.

AIR : *Il n'est plus Montebello.*

Je suis bon tailleur pour homme
Je le suis pour femme aussi,

Je n'ai jamais de souci,
Bon enfant on me renomme,
Que ce soit filles ou garçons
Je ne prends rien de mes façons.

Si c'est pour quelqu'antiquaille.
Qu'on me fasse travailler,
Je me fais fort bien payer.
Pour ne faire rien qui vaille,
Selon les gens que ce sont
Je ne prends rien de mes façons.

Si c'est pour quelque gentille
Dont le devant soit brodé,
Il ne me faut point de dé
Pour faire entrer mon aiguille.
Que ce soit fille ou garçon
Je ne prends rien de la façon.

Je ne fais point de bannière
Aux dépens de leurs velours,
Dans ma besogne toujours
La pièce entre toute entière;
Selon les gens que ce sont
Je me fais payer mes façons.

Chansons.

LES INVALIDES.

Air : *De la colonne.*

Monument chéri de la gloire
Asyle de nos vieux guerriers,
Des vieux enfans de la victoire
Toi seul abrite les lauriers !
De nos phalanges intrépides
L'histoire indique les hauts faits.
Nous qui chantons l'honneur français
N'oublions pas les invalides !

D'un roi vaillant autant que juste
Bénissons la sagacité ;
Grâce à ce souverain auguste,
Nos preux narguent l'adversité.
De la gloire nos cœurs avides
Palpitaient, voyant les drapeaux,
Qui tous attestaient les travaux
De la plupart des invalides.

Chansons.

Le sol sacré de la patrie,
Déja foulé par l'étranger,
Vit sa capitale envahie,
Hésiter à capituler.
Leurs fronts chauves, couverts de rides ;
Osèrent braver le trépas ;
Et Mars en dirigeant leurs bras
Fit redouter nos invalides.

Déjà l'histoire impartiale
Te voue à l'immortalité.
O toi dont l'humeur martiale
Etait jointe à la fermeté,
Malgré ta jambe peu solide
Tu confondis les Prussiens
Et leur fit voir avec les tiens
Ce que valait un invalide.

Près du palais de l'Industrie
On vit avec étonnement
Une sentinelle aguerrie
D'un brave huer le vêtement.
Mais d'un regard il l'intimide,
Et soudain découvrant sa croix,
Lui dit, en élevant la voix :
« Respecte mieux un invalide. »

Maintenant, vieux fils de Bellone,
Reposez-vous sur vos lauriers ;
Qu'en vos mains la foudre ne tonne
Que pour réjouir nos foyers.
Si l'airain, de ses feux rapides,
Atteignit vos corps mutilés,
Du moins les siècles reculés
Admireront nos invalides.

A. CAVET.

LE JARDINIER.

AIR : *Des caresses.*

SUIS-JE dans un joli jardin
J'en parcours toujours le parterre,
Et dans les fleurs je crois soudain
Distinguer chaque caractère.
Dans la violette je vois
La séduisante modestie,
L'immortelle m'offre à la fois
Et les vertus et le génie.

Dans le muguet je vois un fat,
Dans le serpolet la franchise ;
La tulipe avec son éclat
M'offre l'orgueil et la sottise ;
Le lys présente la grandeur,
L'amaranthe l'indiférence,
Rose blanche dans sa fraîcheur
Est l'image de l'innocence.

Le pavot nous peint le pouvoir
Que sur nos sens a maint ouvrage ;
Dans le narcisse je crois voir
Un sot épris de son visage ;
Dans le souci je reconnais
L'époux d'une femme infidèle,
Dans une rose les attraits
Qu'on admire dans une belle.

Le myrthe chéri des amours
Nous représente leur puissance,
Et le lierre amoureux toujours
Donne des leçons de constance.
Si je m'arrête au fond d'un bois,
Avec Iris sur la fougère,
La fougère m'offre à la fois
Mon lit, ma bouteille et mon verre.

Puis-je rencontrer des lauriers
Sans m'arrêter et reconnaître
Ces jeunes et vaillans guerriers
Que l'heureuse France à vu naître ?
Si je vois l'olivier fleurir,
Surtout après un long orage,
Je dis : La paix va revenir,
La paix est le prix du courage.

P. LEDOUX.

LE MENUISIER.

AIR : *ton humeur, est, Catherine.*

Ici-bas chacun s'ballote,
S'égratigne à qui mieux mieux,
L'un contr' l'autre on s'asticote,
Comment peut-on z'être heureux.
Moi, pour les plaisirs je penche,
D' tout dans c' bas monde je ris,
Rabot z'en main j'riffle un' planche,
Z'et n' planche pas les amis.

J' tat'rais bien du mariage,
Mais queuqu' chose me déplairait,
J' craindrais trop qu' mon allumage,
N' me r'lançat z'au cabaret.
Ma soif z'à gogo j' l'étanche,
J' lamp' tout l' jour, et quand j'suis gris,
Je fais mon lit d'une planche,
Z'et n' planche pas les amis.

L'autr' jour z'à la p'tit' Fanchette,
J' voulus chiper un baiser,
J' l'y dis : d'puis long-temps j' vous guette,
Ainsi n' faut pas me r'fuser.
J' crois que le maillet s'démanche,
M' répond-elle en j'tant des cris,
Voisin, rabotez votr' planche,
Z'et n' planchez pas les amis.

Lors, j' file à la comédie,
J' vois les actri's, les acteurs,
Qui riaient de compagnie
Au nez de tous les spectateurs.
V'là que j' r'trousse mes manches,
Que j' siffle et qu' je m' suis permis,
D' l'eux dir' : vous êt's sur vos planches,
Mais n' planchez pas les amis.

Chansons.

Z'on m'emmène au corps de garde,
Coucher, jusqu'au lendemain,
V'là comme il faut prendre garde,
D' chiffonner le genre humain,
Aussi les autres dimanches,
De n' plus siffler je m' promis,
J' vois bien qu'au sujet d' ces planches,
N' faut pas plancher les amis.

Queuqu' jours après j' tomb' malade.
V'là qu'un maudit carabin.
Voulut me fair' la parade
D' m'empêcher d' *soifer* du vin.
Mes manièr's sont brusques, franches,
Aussi bravement j' l'y dis :
Mettez-moi z'entre quatr' planche,
Z'et n' planchez pas les amis.

Z'avec mon rabot, ma scie,
Que j' gagn' pour vider flacon,
De tout l' reste je m' soucie,
Comme de Colin Tampon,
Par la Faulx qui nous retranche,
Quand mes jours seront finis,
J' pourrai dire du fond d'un' planche,
J' n'ai pas planché les amis.

LA JARDINIÈRE.

AIR : *Ma Tiennette est charmante.*

GENTILLE jardinière,
Charme de tous les cœurs,
De ton joli parterre,
Qui n'aimerait les fleurs.
Leur choix plein de sagesse,
Montre un goût délicat ;
Mais trop de sécheresse
Vient en ternir l'éclat.

Jadis, de cette rose,
J'admirais la fraîcheur,
Faute qu'on ne l'arrose,
Elle perd sa couleur.
Ta négligence extrême
Va te ravir la fleur,
Et l'arbrisseau lui-même,
Périra de langueur.

Chansons.

Sa perte irréparable
Doit te faire pleurer,
Mais une eau secourable
Pourrait tout réparer.
D'un jardinier fidèle,
Implore le secours,
Qu'il vienne, plein de zèle,
L'arroser tous les jours.

Dans ton joli parterre,
Pour que tout pousse bien,
Ecoute-moi, ma chère,
Il n'est qu'un seul moyen.
C'est qu'il faut, dans Cythère,
Le soir et le matin,
A toute jardinière,
Un garçon de jardin.

COUJON.

LE PERRUQUIER.

Air : *Du petit matelot.*

De ses dix doigts propriétaire,
Mon père, honnête perruquier
Aurait pu, par leur ministère,
Devenir aussi financier.
Mais une soif fort importune
L'empêchait toujours d'entasser ;
Il ne me laissa pour fortune
Que le talent d'en amasser.

J'étais seigneur d'une boutique,
Plus riche que bien des rentiers,
Quand on fit une république,
Qui fit la barbe aux perruquiers.
Ma main ne fut plus occupée ;
Chacun me faisait aviser
Qu'ayant eu la tête coupée
Il ne se ferait plus raser.

Chansons.

Ne trouvant plus de barbe à faire
Je fis le petit potentat.
Je faisais la paix et la guerre
Et les affaires de l'état.
Je promenais la savonnette
Sur les fautes, sur les excès ;
Je poudrais plus d'une défaite
Et faisait mousser les succès.

Enfin la discorde sanglante
Déménageant de nos cantons,
On me rendit avec patente
Le monopole des mentons.
Mais des fatigues diaboliques
M'attendaient dans les premiers tems,
J'avais à faire à mes pratiques
Une barbe de vingt-cinq ans.

Qu'épris d'une gloire nouvelle,
Chacun aspire au changement,
Moi, je veux, au rasoir fidèle,
Vivre et mourir en vous rasant.
En vous l'ignorance blasphème
Contre un respectable métier
Je ferai la barbe quand'même
Car je suis ultra perruquier.

Souvent les maîtres de la terre,
Font, pour se tirer d'embarras,
Ce qu'il conviendrait peu de faire,
Même ce qui ne convient pas.
Exempt de ces soins politiques
A mon gré je pense et j'agis.
Je ne rase que mes pratiques
Et ne coiffe que mes amis.

Si du sentier le roi s'écarte,
Il faut qu'il dise ses raisons.
Sans chambres, ni conseil, ni charte,
Moi je commande à mes garçons :
Avec un pouvoir despotique,
Ce qui me convient je le fais,
Et je suis roi dans ma boutique
Plus que le roi dans son palais

Tandis qu'on renversait les trônes,
Les sceptres et les souverains ;
Tandis qu'on brisait les couronnes,
Ma trousse, me restait en mains.
De ceci j'ai conclu sans peine,
Qu'il vaut mieux, qu'il vaut mieux cent fois.
Tenir le rasoir en main pleine
Que le sceptre du bout des doigts.

BOUCHER DE PERTHES.

Chansons.

LE JARDINIER FLEURISTE.

AIR *connu*.

Venez, venez dans mon parterre,
Vous qui voulez cueillir des fleurs,
J'en ai de toutes les couleurs,
Et qui sont dignes de vous plaire.
Elles étalent à vos yeux
Leur élégante symétrie.
Venez, venez, pour être heureux,
Il faut de fleurs (*ter*) semer la vie.

A tous les goûts, avec adresse,
Je sais assortir mes bouquets :
Pour les galans j'ai des muguets,
Et des myrthes pour la tendresse ;
Pour les jaloux, j'ai des soucis,
Des pavots pour l'indifférence,
L'immortelle pour les amis,
Pour les époux (*ter*) la patience.

J'offrirai le pâle narcisse
A beaucoup de nos jeunes gens,
Le tournesol aux courtisans,
Le bouton d'or à l'avarice;
La pensée a qui parle peu,
Au babillard une clochette;
Et, d'après le commun aveu,
De l'ellébore (*ter*) à tout poète.

A l'ombre d'un bois tutélaire,
Pour les amis du bon Rousseau,
Je protége le verd rameau
De la pervenche solitaire.
Pour la beauté j'aurai toujours
Beaucoup de roses purpurines,
Et, pour l'objet de mes amours,
J'en conserve une (*ter*) sans épines.

Chansons.

LE PERRUQUIER.

AIR : *Faut d' la vertu, etc.*

V'NEZ chez moi, j' suis bon perruquier, (*bis.*)
Faut qu' chacun viv' de son métier.

Vous qui, voyant fuir le bel âge,
Cherchez en vain à le r'tenir,
Des ans j' sais réparer l'outrage,
Et j' possèd' l'art de rajeunir :
  V'nez, etc.

V'nez aussi, coquettes rusées,
Près d' vous, pour fixer les amours,
Si vos malices sont usées,
J' vous fournirai de nouveaux tours :
  V'nez, etc.

Vous qu'offens'nt nos droits ; nos conquêtes
Et que tout' lumièr' fait souffrir,

Accourez, vieux serveaux, vieill's têtes,
J'ai des perruqu's à vous affrir :
    V'nez, etc.

Créatur's de l'ex-république,
Fait's-vous marquis ou baronets,
Sous un' coiffur' de ma fabrique
Je cach'rai vos anciens bonnets :
    V'nez, etc.

Vous qu'à ployer rien n' peut résoudre,
Orgueilleux qu' tout pouvoir blessa,
Aux yeux il a beau j'ter d' la poudre,
Vous n'en êtes pas plus blancs pour ça :
    V'nez, etc.

Fuyez la tête mal peignée
De c' nouvel enfant de Plutus
Qui va nous faire un' queu' soignée,
Quoique j' soyons à la Titus :
    V'nez, etc.

Vaillans soutiens du ministère,
Bonn's âmes qui le courtisez
  Quand pour lui souffle un vent contraire,
Si vous êt's un peu défrisés,
    V'nez, etc.

Chansons.

Voguez en paix, heureux pilotes,
Gros dindons qu'il nous faut truffer,
D' nos rent's fait's-vous des papillottes,
Mais qu' vos femm's cess'nt de vous coîffer :
     V'nez, etc.

Tous ces gens-là gât'nt mon affaire,
Peuple, ils vous rasent de si près,
Qu' bientôt n'y aura plus d' barbe à faire,
S'il vous en rest' quéqu' poils après :
     V'nez, etc.

Français, quoiqu'en noir on vous peingne,
Vot' bonheur est le plus doux de mes vœux,
Pour ça s'il faut fair' le coup d' peigne,
J' saisirai l'occasion aux ch'veux

V'nez chez moi, j' suis bon perruquier,
Faut qu' chacun viv' de son métier.   (*bis.*)

MARCILLAC.

LE LABOUREUR.

AIR : *Toc, toc, quel joli choc!*

Gai, gai, du laboureur
　Chantons en chœur
　　La mémoire
　　Et la gloire.
Gai, gai, sortons d'erreur,
　Dans ce qu'il fait
Il est vraiment parfait.
Pour le bien connaître,
Dès qu'il vient de naître,
Prenons le marmot
Qui ne sonne mot ;
Madame sa mère,
Dans sa peine amère,
Tout comme à Paris
Jette quelques cris :
　　Gai, gai, etc.

Du saint anathème,
Par un bon baptême,
Je t'ai délivré,
Lui dit son curé
Trotte vers Cythère,
Ne lis pas Voltaire,
Et tu deviendras
Ce que tu pourras :
　　Gai, gai, etc.

Sans frein, sans entrave,
On le voit en brave,
　Avec ses aînés
Se cogner le nez ;
Et puis, dans la crotte,
Librement barbotte
Comme un vrai canard
Le poupon grognard :
　　Gai, gai, etc.

Vingt ans, sotte allure,
Epaisse encolure,
Pesante gaîté,
Discours hébété,
Trogne bien fleurie,
De pommes pourries,

Air bête et distrait,
C'est lui, trait pour trait :
   Gai, gai, etc.

La grosse Claudine,
Niaise et dandine,
Pêche dans ses lacs
Ce grand échalas.
Comme fraîche éclose,
On lui vend la rose
Que plus d'un vaurien
Effeuilla pour rien :
   Gai, gai, etc.

A la sainte église,
Crac, on verbalise,
Le pauvre nigaud
Veut du *conjungo*.
L'amour le transporte,
Car sa belle apporte,
Sens dessus dessous,
Vingt sacs de gros sous :
   Gai, gai, etc.

Fils de la nature,
Pour l'agriculture
Il va nuit et jour
Quitter son séjour;

Et la tête nue,
Défiant la nue,
Cultiver son champ,
Quel plaisir touchant !
 Gai, gai, etc.

Quand sur sa couchette
Le sommeil le jette
Les souris, les rats
Grignotent ses draps,
Et du chaume antique
La toiture étique,
Sous les coups du vent,
Déloge souvent :
 · Gai, gai, etc.

Asile champêtre,
Prés où l'on voit paître,
Au bruit des pipeaux,
De sales troupeaux ;
Dans vos plaines vertes,
D'ordures couvertes,
Ah ! lorsqu'il descend,
Quels parfums il sent !
 Gai, gai, etc.

Pour prix de sa peine,
Lorsqu'enfin à peine

Il va pour saisir
L'éclair du plaisir,
La faulx du temps frappe,
Et près de la grappe
Il fait son paquet,
Voilà le bouquet :

Gai, gai, du laboureur,
   Chantons en chœur
    La mémoire
    Et la gloire ;
Gai, gai, sortons d'erreur,
   Dans ce qu'il fait
Il est vraiment parfait.

E. D.

LE PEINTRE.

Air *de la Catacoua.*

JALOUX de donner à ma belle
Le duplicata de mes traits,
Je demande quel est l'Apnelle
Le plus connu par ses portraits.

Chansons.

C'est, me répond l'ami d'Orlange,
Un artiste nommé Mathieu ;
  Il prend fort peu,
  Mais, ventrebleu !
Quel coloris, quelle grâce et quel feu !
 Il vous attrappe comme un ange,
 Et loge près de l'Hôtel-Dieu.

Vite je cours chez mon Appellé,
Je monte et ne sais où j'en suis :
Son escalier est une échelle,
Sa rampe est une corde à puits ;
Un chantre est au premier étage,
Au deuxième est un chaudronnier,
  Puis un gainier,
  Un rubanier,
Puis au cinquième, un garçon cordonnier ;
 Je reprends haleine et courage,
 Et me trouve enfin au grenier.

J'entre, et d'abord, sur une chaise,
Je vois le buste de Platon,
Sur un Hercule de Farnaise
S'élève un bonnet de coton,
Un briquet est dans une mule,
Dans un verre un peigne édenté,

Chansons.

Un bas crotté
Sur un pâté,
Un pot à l'eau sur une volupté
L'amour près d'un tison qui brûle,
Et la frileuse à son côté.

Le portrait d'un acteur tragique
Est vis-à-vis d'un mannequin ;
Je vois sur la Vénus pudique
Une culotte de nankin ;
Une tête de Diogène
A pour pendant un potiron ;
Près d'Appollon
Est un poëlon,
Psyché sourit à l'ombre d'un chaudron,
Et les restes d'une romaine
Sont sous l'œil du cruel Néron.

Au coin d'une vitre brisée
S'agite un morceau de miroir ;
Dessous la barbe de Thésée
Est une lame de rasoir ;
Sous un Plutus une Lucrèce,
Sous un tableau récemment peint
Je vois un pain,
Un escarpin,

Chansons.

Une Vénus sur un lit de sapin,
  Et la Diane chasseresse
  Derrière une peau de lapin.

  Seul j'admirais ce beau désordre,
  Quand un homme armé d'un bâton
  Entre et m'annonce que par ordre,
  Il va me conduire en prison.
  Je résiste, il me parle en maître,
  Je lui lance un Caracalla,
      Un Attila,
      Un Scévola,
Un Alexandre, un Socrate, un Scylla,
  Et j'écrase le nez du traître
  Sous le poids d'un Caligula.

  Mais au bruit, au fracas des brosses,
  Je vois vers moi, de l'escalier,
  S'élancer vingt bêtes féroces,
  Vrais visages de créanciers,
  Sur ma tête, assiettes, bouteilles,
  Pleuvent au gré de leur fureur;
      Puis le traiteur,
      Le blanchisseur,
Le parfumeur, le bottier, le tailleur,
  Font payer à mes deux oreilles
  Le nez de leur ambassadeur.

Au lieu d'emporter mon image
Comme je l'avais espéré,
Je sors, n'emportant qu'un visage
Pâle, meurtri, défiguré.
O vous, sensibles créatures,
Aux traits bien fins, bien réguliers !
Des noirs huissiers :
Des noirs greniers.
Evitez bien les assauts meurtriers ;
Et que Dieu garde vos figures
Des peintres et des créanciers.

Feu DESAUGIERS.

LE LAMPISTE.

AIR : *Femmes, voulez-vous éprouver ?*

FIDÈLE compagnon des nuits,
Lorsque le chagrin nous oppresse
La lampe semble, à nos ennuis,
Se conformer avec tristesse.

Chansons.

Quand sa clarté touche à sa fin
On dit, dans sa mélancolie :
Avec mes maux, ainsi demain,
Peut-être s'éteindra ma vie. (*bis.*)

Honneur à l'art ingénieux
Qui, de sa lampe pâlissante,
Ranimant tout-à-coup ses feux,
Rendit sa flamme étincelante !
L'aliment d'un air épuré
Lui prêta sa vive lumière ;
Ainsi l'amour brûle à son gré
L'âme sensible qu'il éclaire.

L'amant vient quand l'Argus s'endort,
Il avance d'un pas timide ;
Dans les détours d'un corridor
Une lampe lui sert de guide.
Bientôt heureux, mais tourmenté,
De sa lueur discrète et tendre,
Cet ingrat éteint la clarté
Qui se consumait pour l'attendre.

LE PASTEUR.

AIR : *C'est un lon la landerirette.*

Bons habitans du village
Prêtez l'oreille un instant,
Ma morale douce et sage
Est toute de sentiment.
Vous saurez bien me comprendre,
C'est mon cœur qui vous parlera.
Quand vous pourrez, venez m'entendre,
Et le bon Dieu vous bénira.

Aux vignes dans les vendanges,
Aux champs pendant les moissons,
De Dieu chantez les louanges,
Il sourit à vos chansons.
Quand le plaisir dans la plaine
Le soir vous appellera,
Dansez gaîment sous le vieux chêne,
Et le bon Dieu vous bénira.

Chansons.

Un soldat que le froid glace
Le soir vient-il à pas lents,
Vous demander une place
Près de vos foyers brûlans.
Sans connaître la bannière
Sous laquelle il s'illustra ;
Ouvrez pour lui votre chaumière,
Et le bon Dieu vous bénira.

Sur le bord du précipice
Qu'en vain soudain votre main
Le hasard vous fut propice,
Vous prites le bon chemin,
Soyez heureux, sans maudire
Le voisin qui s'égara,
Secourez-le sans en rien dire,
Et le bon Dieu vous bénira.

La terre que j'ai perdue
Ne me laisse aucuns regrets,
Si pour vous elle est rendue
A ceux que je secourais.
Que votre main peu soigneuse
Pour la veuve qui suivra,
Laisse l'épi de la glaneuse,
Et le bon Dieu vous bénira.

De vos gerbes si nombreuses
Pour moi ne détachez rien,
Vos familles sont heureuses,
Leur bonheur suffit au mien.
Ménagez votre abondance
Pour celui qui pâtira ;
Payez la dîme à l'indigence,
Et le bon Dieu vous bénira.

Loin des cendres de sa mère
Chez vous un pauvre exilé
Dévorait sa peine amère,
Dieu vers lui l'a rappelé.
Qu'importe si sa prière
De la vôtre différa,
Priez pour lui, c'est votre frère,
Et le bon Dieu vous bénira.

CAMILLE.

Chansons.

LE LUNETIER.

AIR : *Avant d'rentrer cheux vous.*

VIEILLARDS à femmes trop jeunettes,
Auparavant de vous unir,
Pour pénètrer dans l'avenir,
Venez prendre de mes lunettes :
   Aussi, dis-j' d'un ton fier :
   Comm' c'est genti' d' voir clair.

Fille à qui l'on dit des fleurettes
Craignez le serpent sous les fleurs.
Pour éviter certains malheurs,
Venez prendre de mes lunettes ;
   Vous direz, etc.

Que feraient les femmes coquettes
Qui sont aujourd'hui dans Paris,
Si leurs crédules maris
Venaient prendre de mes lunetes :
   Ils diraient, etc.

Tel de vous se met en goguettes,
Et de moi se rit aujourd'hui,
Qui verrait qu'on se moq' de lui
S'il avait pris de mes lunettes,
 Et dirait d'un ton fier :
 Dieu ! qu' c'est genti' d' voir clair.

LE PÊCHEUR.

Air : *Faut d' la vertu,* etc.

Venez, grands et petits poissons,
Venez mordre à mes hameçons.

Par ce vieux brochet je commence,
C'est le Néron de nos étangs ;
Pour les tyrans point de clémence,
J'en accroche un de temps en temps :
 Venez, etc.

Trop long-temps cette tanche épaisse
Dans la bourbe prit ses ébats ;

Chansons.

Mais c'est ainsi que l'on engraisse,
Je vais la mettre entre deux plats :
    Venez, etc.

De tel, dont l'heureuse omoplate
Sous le pouvoir ploie en tremblant,
Dans cette brème longue et plate,
Je vois le portrait ressemblant :
    Venez, etc.

Gougeon malin, petit rebelle,
Tu fuis en vain..... preux chevalier,
Je t'ai promis, et de ma belle,
Tu seras l'heureux prisonnier :
    Venez, etc.

A reculons, pauvre écrevisse,
Ne crois pas non plus m'éviter ;
Les tiens et toi, vieille novice,
Vous reculez pour mieux sauter :
    Venez, etc.

Carpillon, crois-tu m'en apprendre,
Par tes sauts, tes reflets ombrés?
J'ai trop vu, pour m'y laisser prendre,
De sauteurs en habits dorés :
    Venez, etc.

Mais qu'est-ce ? une anguille à peau brune,
Tenons-la bien... pauvres humains !
C'est l'image de la fortune,
Qui souvent glisse de nos mains :
  Venez, etc.

Jadis j'en eusse pris le double,
Mais tout se gâte, et maintenant,
Tant de gens pêchent en eau trouble,
Qu'en vain je pêche en fredonnant.

Venez, grands et petits poissons,
Venez mordre à mes hameçons.

Jacinthe LECLÈRE.

LE MAÇON.

Air : *Trou là là*.

Construisons,
Bâtissons ;
Ponts, théâtres et salons ;
Construisons,
Bâtissons,
Et point ne ralentissons.

Chansons.

Pour bâtir selon son goût,
On peut se placer partout :
Sur l' derrièr' tirez un plan,
Moi, je n' me plais qu' sur l' devant :
  Construisons, etc.

Regardez ce grand all'mand,
Il est jaune et languissant,
Son édifice, en c'*moment,
Périt par le fondement :
  Construisons, etc.

Sur Tivoli, sur Beaujon,
On va placer du moëlon;
Puis, qu'on vienn' dire à présent
Qu' nous n' pensons pas solid'ment :
  Construisons, etc.

J' vois qu'à côté des palais
On dispos' des cabinets,
Les uns sont pour l' sentiment,
L'z'autr's on les sent en passant :
  Construisons, etc.

J'espèr' bien qu' comblant les mers,
On bâtira l'univers ;
Ça f'ra qu'alors l' genre humain
Pourra s' tenir par la main :
  Construisons, etc.

Si nous voulions r'commencer
C't ouvrag' qu'il fallut cesser,
J' veux dir' la tour de Babel,
Ça n' pes'rait pas un grain d' sel :
  Construisons, etc.

Que de femmes dans Paris
Bâtissent sans leurs maris !
Combien d' ces maris heureux
Bâtissent loin de chez eux :
  Construisons, etc

Grâce à la célérité
Qu'on y met de tout côté,
On aurait fait un' maison
Pendant qu' j'ai fait ma chanson :
  Construisons, etc.

Mais n' faut pas, comme' des nigauds,
Croir' tous les objets nouveaux,
Plus que jadis aujourd'hui
Nous avons du récrépi :

  Construisons,
  Bâtissons,
Ponts, théâtres et salons ;
  Construisons,
  Bâtissons,
E point ne ralentissons.

DESROSIERS.

Chansons.

LA PARFUMEUSE.

AIR : *Du Magistrat irréprochable*.

L'AMOUR a déserté Cythère
Pour un comptoir plus enchanteur,
Et dans votre comptoir, ma chère,
Il s'est établi parfumeur.
Mais, dans ce concurrent aimable,
Craignez peu le rivalité :
Il sera toujours redevable
De sa vogue à votre beauté.

Mais, que dis-je? la sympathie
Unit déjà vos intérêts :
L'amour est doux, vous bien jolie,
Vous aurez de communs succès.
Mais d'un crime il faudra l'absoudre,
C'est que ce dieu malicieux,
Quand vous nous vendez votre poudre,
Vient nous jeter la sienne aux yeux.

De cette poudre blanche et fine
Lorsque vous vantez la fraîcheur,
Il nous montre, sur votre mine,
Une plus aimable blancheur.
Aussi voyez la belle emplette !
La poudre que l'on prend chez vous,
Loin d'accommoder notre tête
Nous la met sens dessus dessous.

La beauté par vous embellie,
Vante votre brillant carmin ;
Mais sur votre bouche fleurie
L'amour en étale un plus fin :
La rose n'est pas plus vermeille,
Quand zéphire presse ses attraits ;
Et le jeune enfant qui sommeille
N'a pas un incarnat plus frais.

Ces gants en font désirer d'autres ;
Vous souriez à ce vœu-là...
Heureux qui peut avoir les vôtres,
Ou bienheureux qui les aura !
Vous restent-ils encor, Glycère ?
Vous dites oui ; l'amour dit non ;
Pour le savoir, souffrez, ma chère,
Que j'interroge le carton.

Chansons.

Allons, un de peu complaisance,
L'amour vous en fait un devoir ;
Fondant sur votre connaissance
Votre triomphe et son espoir.
En votre faveur, s'il décide,
Pour vous quel destin enchanteur !
A Paris, à Cythère, à Gnide,
Il vous proclame en bonne odeur.

BAUSET.

LE MAITRE DE DANSE.

AIR : *de l'Aveugle de Bagnolet.*

ZEPHIR est le nom qu'on me donne,
J'eus pour père un certain marquis,
Ma tendre mère était baronne,
Et ma naissance, dans Paris,
Fut la suite, mes chers amis,
D'une sauteuse que mon père
Avait fait danser à ma mère.

Hommes, femmes, filles, garçons,
Par mon art je veux vous surprendre;
Hommes, femmes, filles, garçons,
    Venez prendre
    De mes leçons.

Mon art est fameux, il élève,
Il existait au temps passé :
Car Adam a fait danser Eve.
David devant l'arche a dansé,
Avec Agnès Charles a valsé;
Dunois avec notre Pucelle,
Henri IV avec Gabrielle.
    Hommes, femmes, etc.

J'ai le dos-à-dos pour les femmes,
Le vis-à-vis pour les fiancés,
Pour les maris, changez de dames,
Pour l'homme en place, balancez,
Pour les étrangers, le chassez;
Pour vous, qui prenez tant de peine,
Libéraux, je garde la chaîne :
    Hommes, femmes, etc.

Ah! que de fois, fille jolie,
Fit avec moi son premier pas;
La danse aussi toute ma vie,
A mes yeux aura des appas;

Je veux même, après mon trépas,
De Proserpine faire encore
Une nouvelle Therpsicore :
Hommes, femmes, filles, garçons.
Par mon art je vais vous surprendre,
Hommes, femmes, filles, garçons,
  Venez prendre
  De mes leçons.

Ernest RENAULT.

LE PAPETIER.

AIR *Les maris ont tort.*

JE tiens une papeterie
Fort estimée en nos foyers,
Et dans Paris ; je le parie,
Nul n'est si bien dans ses papiers ;
Mais je fais peu d'accueil aux hommes
Ils tournent trop à tous les vents,
Les amis, au siècle où nous sommes,
Ne sont que des papiers volans.

Chansons.

Je mets sur papier ordinaire
Tout compliment qu'on me fera,
Sur papier fin je ne mets guère
Que tout propos qu'on me tiendra.
Aux espérances chimériques
Je réserve un papier doré ;
Et, pour nos profonds politiques,
Je garde le papier timbré.

En tout temps, chez moi, la franchise
Chassa les soupçons à l'écart ;
Je classe cette marchandise
Au rang de mes papiers brouillards.
Le bonheur naît de l'indulgence,
Et, pour être long-temps d'accord,
Sur papier mort je mets l'offense,
Et le bienfait sur papier fort.

Au vil séducteur qui s'arrête,
Je consacre un papier glacé ;
A l'industrieuse coquette,
Le papier fin est repassé.
Et toujours mon esprit vulgaire
Se répète ; chaque matin :
Que le plus doux vélin sur terre
Finit par être parchemin.

DIEULAFOY.

LE MIROITIER.

AIR : *Ah! que de chagrins dans la vie.*

En naissant, la coquetterie,
De toute femme est l'attribut;
Se parer pour sembler jolie,
C'est là son vœu, c'est là son but.
Fille à six ans de plaire est occupée,
Et, cédant à ce doux espoir,
Quoiqu'elle soit encore une poupée,
Elle aime déjà son miroir.

Dans Turcaret, jadis Lesage,
Retraça des portraits parlans ;
Le financiers, pour son ouvrage,
Lui proposaient cent mille francs,
Ce don offert par cette compagnie;
Ne peut pas trop se concevoir :
En aucun temps on n'a vu, je parie,
Payer aussi cher un miroir.

Les frères aimaient à détruire
Les glaces de tous nos salons.
On sent bien que, pour les proscrire,
Ils avaient de bonnes raisons.
Ces citoyens, prenant le brigandage
Comme le plus saint des devoirs,
Epouvantés, en voyant leur image,
Devaient craindre tous les miroirs.

Chez Isabey quelle affluence!
De tous les côtés, chaque jour,
On vient, pour obtenir séance,
Se faire inscrire tour-à-tour.
Pourquoi sa vogue est-elle donc si grande,
Vous allez tous le concevoir:
Ce n'est jamais qu'un portrait qu'on demande,
Isabey vous donne un miroir.

La critique est fort peu civile;
Mais, malgré sa sévérité,
Souvent c'est un miroir utile
Qui réfléchit la vérité.
Au vrai talent qui s'égare elle indique
Des défauts qu'il n'a pas su voir;
Mais la sottise a peur de la critique,
Comme la laideur du miroir.

Chloé n'est plus au rang des belles,
Et trouve en songeant à Dieu,
Que les glaces sont trop fidèles,
Que les hommes le sont trop peu ;
Je me souviens, dit-elle, en mon jeune âge,
J'avais des succès tous les soirs ;
Mais de nos jours, et la mode et l'usage,
Tout est changé jusqu'aux miroirs.

Puisqu'on a versé l'ambroisie,
Messieurs, contemplons, s'il vous plaît,
De notre face rébondie
Dans nos verres l'heureux portrait,
Complaisamment admirons notre ouvrage,
Cédons au plaisir de nous voir ;
Puis à Bacchus rapportant notre hommage,
Avalons gaîment le miroir.

LE MEUNIER.

AIR : *Au son du Fifre et du Tambour.*

JE suis le meunier du Valrose,
Là je mouds comme un vrai lutin

Jamais la nuit je ne repose,
Toujours levé de grand matin;
Je suis bon à plus d'une chose :
Jeune fillette à l'œil malin,
Venez, venez à mon moulin,
Je mouds, je mouds, je mouds sans fin.

J'entreprends tout avec courage,
Le travail ne me fait pas peur,
Pour vieille ou pour jeune, à l'ouvrage
Je sers chacune de tout cœur,
Le sexe à mes yeux n'a point d'âge :
Jeune fillette à l'œil malin, etc.

Larges épaules, fraîche mine,
En moi prouvent un bon garçon ;
Je donne aux filles la farine,
Aux mamans je garde le son,
Trouver tout bon est ma routine :
Jeune fillette, etc.

Avec les belles je partage,
De cet asile les douceurs ;
Le bruyant tic tac de ma cage,
S'y communique à tous les cœurs,
Le tic tac c'est un vrai tapage !
Jeune fillette, etc.

Chansons.

Suivez l'exemple de Justine,
Qui vînt dimanche avec sa sœur,
Une cousine, une voisine :
Et les deux filles du sonneur.
Il fallut moudre !.... On le devine,
Jeune fillette, etc.

La nuit d'après la boulangère,
Me pria de chauffer son four,
Je travaillai la nuit entière,
Au moulin je revins au jour ;
Là, je trouvai la pâtissière...
Jeune fillette, etc.

Je mouds souvent hors de mon île,
Quand l'ouvrage m'est assuré,
Au village, aux champs, à la ville,
Et chez la nièce du curé,
Partout je suis le plus habile,
Jeune fillette, etc.

Le meunier du Valrose espère,
Que vous retiendrez son refrain ;
Et qu'à la danse de Cythère,
Il mettra tout le monde en train,

Dites pour unique prière :
Jeune fillette à l'œil malin,
Venez, venez à mon moulin,
Je mouds, je mouds, je mouds sans fin.

DUCRAY-DUMAINIL.

LE MAITRE D'ARMES FÉMININ,

OU LA LEÇON D'ESCRIME.

AIR : *Allez-vous-en, gens de la noce.*

Vous voulez donc faire des armes,
Monsieur Lucas, approchez-vous,
Si je possède quelques charmes
Je les abandonne à vos coups,
Suivez en tous points notre charte,
    Pour être académicien :
    Fendez-vous bien.   (*bis*)
Et tâchez que votre coup parte
Dans le même instant que le mien.

Ayez la mine moins guindée,
Mais déployez plus de vigueur;

Tenez-vous en tierce bandée,
Et vos coups me viendront au cœur;
Si vous perdiez jamais la carte,
Je deviendrais votre soutien;
  Fendez-vous bien, etc.

Et quoi! sans que je sois en garde,
Vous avez saisi l'espadon!
Déjà votre main se hasarde,
Et vous me serrez le bouton,
Les guerriers de Rome et de Sparte
N'avaient pas un plus fier maintien;
  Fendez-vous bien, etc.

Dans mon sein votre fer se plonge,
Ce coup vient de m'abasourdir,
Encore le quart d'une allonge
Et je me sentirai mourir;
De mon devoir si m'écarte,
Venez sur moi ne craignez rien;
  Fendez-vous bien, etc.

Quoi! votre courage chancelle,
Mes souhaits seroient-ils trompés!

Malgré la force de mon zèle,
Sans vous défendre vous rompez;
Percez-moi de tierce ou de quarte,
Songez que c'est pour notre bien,
  Fendez-vous bien.   (*bis*.)
Et tâchez que votre coup parte
Dans le même instant que le mien.

CHARLES LEPAGE.

FIN.

TABLE.

Acteurs (les).	30
Actrice (l').	34
Artisan (l').	69
Assembleur (l').	81
Artificier (l').	47
Astrologue (l').	87
Avocat (l').	93
Auteur (le).	13
Batellier (la).	8
Bijoutière (la).	95
Blanchisseuse (la).	106
Boulanger (l').	126
Boulangère (la).	127
Brodeur (le).	72
Bûcheron (le).	78
Carabin (le).	135
Censeur (le).	143
Chandellier (le).	20
Chansonnier (le).	149
Chansonnier (le).	151
Chanteur (le).	27
Chapelier (le)	162

Chapelier (le).	164
Charlatan (le).	168
Charpentier (le).	129
Charpentier de Marine (le).	131
Chasseur (le).	99
Chasseur (le).	102
Chiffonnier (le)	5
Cocher (le).	115
Cocher (le).	117
Commis Voyageur (le).	192
Commissaire (le).	174
Crêmière (la).	200
Danseur (le).	89
Danseuse (la)	90
Dégraisseur (le).	15
Écaillère (la).	141
Éditeur responsable (l').	156
Employé à la poste (l').	178
Employé (l').	180
Employé (l').	183
Employé (l').	186
Escamoteur (l').	205
Facteur (le).	42
Fagotier (le).	44
Faubourien (le).	36

Table.

Fileuse (la).	213
Fleuriste (la).	26
Forgerons (les).	216
Forteballe (le).	10
Graveur (le).	241
Grisette (la).	138
Herboriste (l').	81
Imprimeur (l').	73
Imprimeurs (les).	76
Invalides (les).	245
Jardinier (le).	247
Jardinière (la).	252
Jardinier fleuriste (le).	257
Journaliste (le).	158
Journée d'un employé (la).	189
Laboureur (le).	262
Laitière (la).	147
Limonadier (le)	22
Lampiste (le).	270
Lunettier (le).	275
Maçon (le).	278
Maître de danse (le).	283
Maître de langue (le).	166
Maréchal-ferrant (le).	24
Marchand d'almanachs (le).	219

Marchand de chansons (le).	221
Marchand de fagots (le).	223
Marchand de melons (le).	226
Marchande de modes (la)	38
Marchand de paille (le).	229
Marchand de pigeons (le).	231
Marchande de plaisirs (la).	210
Marchand de plumes (le).	195
Marchande de rubans (la).	208
Marchand de vins (le).	198
Marin (le).	40
Menuisier (le).	249
Miroitier (le).	287
Moissonneurs (les).	48
Papetiers (le).	285
Parfumeuse (la)	281
Pasteur (le).	272
Pêcheur (le).	276
Peintre (le).	266
Perruquier (le).	254
Perruquier (le).	259
Pompiers (les).	215
Portier (le).	96
Postillon (le).	107
Prisonnier (le).	50

Prisonnier (le)	53
Prisonnier (le)	55
Prisonnier (le)	58
Prisonnier (le)	60
Prisonnier (le)	67
Ramoneur (le)	84
Ravageurs (les)	109
Recrue (le)	120
Relieurs (les)	132
Religieuse (la)	146
Repasseuse (la)	154
Savant (le)	193
Savetier (le)	161
Secrétaire (le)	211
Souffleur (le)	238
Tailleur (le)	243
Tambonr (le)	233
Tambour (le)	235
Tonnelier (le)	202
Traiteur (le)	17
Vendangeurs (les)	171
Vielleuse (la)	124
Vignerons (les)	112

FIN DE LA TABLE.

COULOMMIERS, IMPRIMERIE DE BRODARD.

Extrait du Catalogue

DE

TERRY, LIBRAIRE.

———

Recueil complet des Chansons nationales et autres de P.-E. Debraux, nouvelle édition, augmentée d'un grand nombre de chansons inédites, dont une de M. P.-J. de Béranger, et d'une notice historique sur l'auteur, par M. Fontan. Quatre forts volumes in-18, ornés chacun d'une jolie gravure.   14 f. »c.

Gymnase Lyrique, recueil de chansons et poésies inédites, orné de deux jolies gravures; 9ᵉ année. Un volume in-18 . . . .   2 50

Le Lavater des Tempéramens et des Constitutions, ou l'art de les bien distinguer, par des signes infaillibles auxquels toute personne pourra reconnaître si elle est douée d'un tempérament sanguin, nerveux, bilieux, musculaire, lymphatique, érotique ou amoureux, etc. Un fort volume in-18, 2 f., et franc de port   3   »

Le Plaisant de bonne Société, ou *l'art de désopiler la rate*; par Cousin d'Avalon. Un volume in-18, avec gravure 1 50

L'Art de briller en Société, ou *Manuel de l'homme du monde*, contenant le code civil de la politesse, l'usage du monde, le ton et les manières de la bonne compagnie, etc., etc. Un fort volume in-18, orné d'une jolie gravure; 3 f. 50 c., et . .   4   »

Le Manuel du Marchand de Vin; par Palmicourt, marchand de vin à la Rapée. Un fort volume in-18, avec gravure   3   »

www.ingramcontent.com/pod-product-compliance
Lightning Source LLC
Chambersburg PA
CBHW071530160426
43196CB00010B/1725